HOLOCAUST ERINNERUNGEN

VERNICHTUNG UND ÜBERLEBEN IN DER SLOWAKEI

PAUL DAVIDOVITS

INHALT

Impressum	v
Vorwort	vii
Prolog	1
1. Die Familie meiner Mutter	5
2. Meine Mutter und ihre Schwestern	26
3. Mein Vater und seine Familie	36
4. Frühe Erinnerungen	47
5. Humenne	56
6. Ungarn	80
7. Aus Ungarn heraus	102
8. Auf der Flucht	117
9. Bratislava	143
10. Rakša	155
11. Zurück in die Welt	167
12. In Kanada	192
Epilog	208
Danksagung	213
Über den Autor	215
Amsterdam Publishers Holocaust Bibliothek	219

IMPRESSUM

ISBN 9789493322455 (Ebuch)

ISBN 9789493322462 (Taschenbuch)

Verlag: Amsterdam Publishers

Copyright Text © Paul Davidovits, 2023

Übersetzt von Madita Rathmann

Holocaust Erinnerungen ist Teil der Serie **Holocaust Überlebende erzählen**

Die englische Originalausgabe erschien 2021 unter dem Titel *Holocaust Memories. Annihilation and Survival in Slovakia* (Amsterdam Publishers).

Alle Rechte vorbehalten. Kein Teil dieser Veröffentlichung darf reproduziert oder in irgendeiner Form oder in irgendeiner Weise, elektronisch oder mechanisch, einschließlich Fotoabbildungen, Filmaufzeichnungen oder andere Informationsspeicher- und Abrufsysteme, ohne vorherige Genehmigung des

Verlages, in jeglicher Form oder auf irgendeine Weise, elektronisch oder mechanisch, weitergegeben werden.

VORWORT

Ich bin sehr glücklich darüber, dass meine Memoiren ins Deutsche übersetzt worden sind. Mir ist bewusst, dass das Deutschland von heute nicht dasselbe Deutschland ist, das den Holocaust, die Ermordung eines Großteils meiner Familie und die weitläufige Vernichtung des europäischen Judentums systematisch plante. Vieles hat sich seither geändert.

Ein maßgeblicher Faktor in dieser Veränderung ist das grundlegende jüdische Prinzip mit Namen *Teschuwa*, das manchmal aus dem hebräischen als Buße übersetzt wird. In der jüdischen Tradition sind die Tore *Teschuwas* immer offen und Deutschland hat eindeutig seinen Weg durch sie gefunden. Ich hoffe, dass meine einen Beitrag zu diesem Prozess leisten können.

PROLOG

Im Frühjahr 1944, als ich acht Jahre alt war, verließ ich Humenne zum letzten Mal. Damals war Humenne eine kleine Stadt in der Ostslowakei mit etwa 7.000 Einwohnern, von denen vor dem Zweiten Weltkrieg laut einer Volkszählung 2.172 jüdisch waren.

Obwohl die Stadt klein war, stellte sie ein regional bedeutsames Handelszentrum dar. Für dieses Handelszentrum war die jüdische Bevölkerung ein integraler Bestandteil. Ein großer Teil der Ärzte, Zahnärzte, Lehrer, Anwälte und Ingenieure war jüdischer Herkunft. Juden und Jüdinnen leiteten auch einen Großteil des Handels und der Industrie. Mein Stiefvater, den ich von nun an "Vater" nennen werde, besaß eine Holzmühle, die Bahnschwellen herstellte. Mein Großvater mütterlicherseits war Zahnarzt.

Der Antisemitismus war weitverbreitet und die Regierung der jungen Slowakei übernahm eifrig die deutschen antisemitischen Gesetze und beteiligte sich an der Vernichtung der Juden. Im Mai 1944 waren etwa 85 Prozent der slowakischen Juden in Konzentrationslager deportiert worden, wo die meisten von ihnen ermordet wurden. Die etwa 15.000 in der Slowakei verbliebenen Juden hatten verschiedene Ausnahmen vor der Deportation bewahrt, die hauptsächlich auf ihrer wirtschaftlichen Bedeutung für die Slowakei basierten.

Nun, im Frühling 1944, als der Krieg für Deutschland und seine Bündnispartner beinah verloren war, beschloss man, die endgültige Vernichtung aller Juden in der Slowakei voranzutreiben. Als erster Schritt der Deportation musste die gesamte, in der Ostslowakei verbliebene, jüdische Bevölkerung umgehend in den westlichen Teil des Landes umziehen. Im Voraus hatten meine Eltern in Vorbereitung auf das unvermeidlich Bevorstehende von einem Fälscher Ausweisdokumente, sogenannte arische Papiere, erworben. Meine Mutter nahm die Identität einer unverheirateten jungen Frau namens Anna Hritzakova an, die bei uns gearbeitet hatte und dies erlaubte. Ich wurde als ihr Neffe, Pavel Hritzak, der Sohn ihres Bruders, eingetragen.

Die Anspannung des Abends vor unserer Abreise ist deutlich in mein Gedächtnis eingebrannt. Jeder von uns konnte nur einen kleinen Koffer mitnehmen, den meine Eltern gepackt hatten. Hinter zugezogenen Vorhängen tunkten meine Eltern ihre Finger in Tinte und stempelten ihre Fingerabdrücke auf die gefälschten Dokumente. Anschließend reinigten sie sorgfältig ihre Hände, um die Tintenspuren zu entfernen. Wir wussten, dass all unser zurückgelassener Besitz konfisziert oder gestohlen werden würde. Meine Mutter wählte nur einen Gegenstand aus, den sie retten wollte: ein Album mit Familienfotos. Unser Nachbar erklärte sich bereit, das Album sicher aufzubewahren und sich um meinen kleinen Terrier Pityu zu kümmern.

An jenem nächsten Maimorgen stiegen wir in den Zug nach Topoľčany, einer Stadt in der Westslowakei. Von dort fuhren wir mit dem Taxi in ein kleines nahegelegenes Dorf, in das mein Onkel Karči und meine Tante Manci bereits zuvor gezogen waren, um dort weit und breit die alleinigen Anbieter zahnärztlicher Versorgung zu sein.

Die ersten Juden kamen im frühen 18. Jahrhundert nach Humenne. Nun, nach über 200 Jahren, wurden wir als die letzten verbliebenen Juden aus der Stadt vertrieben. Obwohl die Torarollen aus den Synagogen von Humenne mit uns im Zug waren, gingen sie doch irgendwie verloren und überlebten den Krieg nicht.

Der Zug war überfüllt mit Fahrgästen, die versuchten, einen Platz für ihr Gepäck zu finden. Als ich aus dem Fenster schaute, sah ich Pityu, der auf dem Bahnsteig auf und ablief und uns suchte. Als der Zug den Bahnhof verließ, begann Pityu, neben dem Zug herzulaufen. Der Zug beschleunigte, und Pityu sprang vom Bahnsteig herunter und lief so schnell er konnte neben dem Zug her. Doch als der Zug weiter beschleunigte, blieb Pityu, immer noch rennend in der Ferne zurück.

Meine Mutter und ich gehörten zu den wenigen verbliebenen Juden, die den Krieg überlebten. Mein Vater sowie die meisten Mitglieder meiner Großfamilie wurden ermordet. Im August 1945 nach Kriegsende reiste meine Mutter noch einmal nach Humenne zurück. Unser Haus war von Fremden bewohnt und all unser Besitz verschwunden. Der Nachbar gab das Fotoalbum intakt zurück und erzählte meiner Mutter, dass Pityu am Abend unserer Abreise zurückgekommen war, aufgehört hatte zu essen und nach wenigen Tagen verstarb. Anschließend kehrte meine Mutter nach Košice zurück, wo wir damals mit meinem Onkel Ernő, dem Bruder meiner Mutter, lebten. Seine Frau und sein junger Sohn waren ermordet worden. Meine Mutter heiratete 1947 erneut und im Jahr 1949 wanderten wir nach Kanada aus. Als sie 1975 starb, ging das Fotoalbum in meinen Besitz über.

Seit 40 Jahren steht dieses alte Fotoalbum im hintersten Eck eines Regals in unserem Wohnzimmer. Von Zeit zu Zeit nehme ich es heraus und betrachte die Bilder, von denen einige mittlerweile über 100 Jahre alt sind. Ich glaube, von all den Personen, die auf diesen Bildern zu sehen sind, bin ich die Einzige, die noch am Leben ist. Ich bin die einzige verbliebene Person, die die meisten der Menschen auf den Fotos erkennt, sich daran erinnert, wie sie miteinander verbunden waren, und ich allein weiß etwas über ihre Lebenswege. Ich bin der einzige Träger der Erinnerungen, die diese Bilder enthalten, obwohl auch ich viele der Personen auf den Fotos nicht identifizieren kann. Ich wünschte, ich hätte meine Mutter gebeten die Lücken zu füllen, aber diese Gelegenheit ist längst verstrichen.

Mit jedem Jahr werden die Fotos gelber und rissiger und verblassen allmählich. Ich habe einige von ihnen gescannt, insbesondere jene von Menschen, an die ich mich erinnere. Ich werde versuchen, diese Menschen durch die Erinnerungen des Kindes, das ich war als ich diese Menschen kannte und ihre Geschichten hörte, wieder zum Leben zu erwecken. Ich hoffe die Fotos vermögen es, einen Teil ihrer Bedeutung zurückzugewinnen, Leben in die Geschichte meiner Familie zu bringen und mir dabei zu helfen, die unwahrscheinliche Reise meines eigenen Überlebens zu beschreiben.

1

DIE FAMILIE MEINER MUTTER

Die Familie meiner Mutter (ungefähr 1928).

Das Foto der Familie meiner Mutter steckte zwischen dem Einband und der ersten Seite des Albums. In der vorderen Reihe sind von rechts nach links meine Großmutter mütterlicherseits, ihr Vater, meine Tante Erzsi, die zu der Zeit als das Foto entstanden noch ein Teenager war, und der Vater meiner Mutter, Heinrich Braun, zu sehen. In der zweiten Reihe, erneut von rechts nach links, befinden sich die ältesten Töchter meiner

Großeltern, meine Tante Manci, meine Mutter Rozsi und meine vier Onkel, Laicsi, Béla, Miklos und Ernő. Ich denke, dass sich der selbst auferlegte Assimilationsdruck von Juden der Mittelschicht oft in den spezifisch deutschen und ungarischen Vornamen widerspiegelt.

Mein Großvater kam Ende des 19. Jahrhunderts aus Budapest nach Humenne, um dort die Zahnarztpraxis eines pensionierten Zahnarztes zu übernehmen. Zu dieser Zeit gehörte Humenne noch zum ungarischen Teil Österreich-Ungarns, weshalb die mangelnden Slowakischkenntnisse meines Großvaters keine ernsthafte Hürde für einen solchen Schritt waren. Ich kannte meinen Großvater nicht. Er litt unter chronischem Asthma und starb Anfang der 1930er-Jahre, noch vor meiner Geburt im Jahr 1935, an einem schweren Asthmaanfall. Ich lernte alle drei meiner vier Onkel, alle meine drei Tanten und meine Großmutter kennen. Ich kann mich an all diese Personen erinnern, außer an meine Großmutter, die noch vor meinem ersten Lebensjahr starb. Ich werde so viel wie mir nur möglich ist über die Familienmitglieder erzählen.

Zuerst meine Onkel, deren Leben nicht eng mit meinem verwoben waren. Dennoch waren sie in meiner Familie ein häufiges Gesprächsthema.

Die Brüder (meine Onkel)

Miklos (Charlie). Eine meiner frühesten Erinnerungen ist ein Ereignis, das mit Miklos zu tun hat: Ich bin etwa zweieinhalb Jahre alt und spiele auf dem Boden unserer Küche in Moldava. Meine Mutter öffnet gerade Erbsenschoten und lässt die Erbsen in einen Topf fallen.

Eine Erbse rutscht ihr aus der Hand und fällt neben mir auf den Boden. Ich nehme sie in die Hand und schiebe sie mir tief in meine Nase. Meine Mutter sucht die Erbse und bemerkt, was ich damit angestellt habe. Sie nimmt mich hektisch auf den Arm, rennt zur Tür hinaus in Richtung Hauptstraße und dann die Straße hinauf zu einer der beiden Arztpraxen in Moldava, die von einem engen Freund unserer Familie betrieben wird.

Von diesem befreundeten Arzt gibt es ein Foto im Album, das er meiner Mutter gab, als wir Moldava verließen. Die Rückseite des Fotos ist mit 1939 datiert, aber Tag und Monat des Datums sind unleserlich. Es ist auf Ungarisch mit „Um mich in Erinnerung zu halten" beschriftet und etwas undeutlich mit „Dr. Blau" signiert. Dr. Blau nahm ein scharfes, spitzes Werkzeug, spießte die Erbse auf und zog sie heraus. Während der Zeit, in der wir in Moldava lebten, spielte er für uns mehrfach eine Rolle.

Dr. Blau.

Viel später erfuhr ich, warum die Erbse in meiner Nase meine Mutter so in Panik versetzt hatte. Als ihr Bruder Miklos fünf Jahre alt war, begann er über Kopfschmerzen zu klagen, die immer schlimmer wurden. Er wurde von einem Arzt zum anderen gebracht und landete schließlich in einem Krankenhaus in Košice. Dort stellten sie womöglich unter Verwendung einer neuerworbenen Röntgenmaschine fest, dass eine Erbse tief in seiner Nase gekeimt hatte und ihre Wurzeln in die Nasennebenhöhle eingedrungen waren. Die Problem-Erbse wurde entfernt und schnell ging es ihm besser. Diese Geschichte, die meiner Mutter und viel später auch mir überliefert wurde, hinterließ bei uns beiden einen bleibenden Eindruck.

Das Familienfoto wurde in den späten 1920er-Jahren aufgenommen. Zu dieser Zeit war mein Onkel Miklos, das älteste Kind, bereits lange aus der Familienkonstellation verschwunden. Er war 1911, ein paar Jahre vor Beginn des Ersten Weltkrieges, von meinem Großvater verstoßen worden. Als das Familienfoto aufgenommen wurde ließ man eine Lücke in der Aufstellung der Brüder, in die anschließend geschickt ein Foto von Miklos, das er aus Amerika sandte, eingefügt wurde.

Miklos war als Teenager schwer im Zaum zu halten. Man erzählt sich, dass er im Alter von 16 Jahren seinen Gymnasiallehrer im Haus einer örtlichen Prostituierten traf. Als der Lehrer ihn verblüfft fragte: „Was machst du hier?", antwortete er: „Das Gleiche wie Sie." Dies war Teil einer langen Reihe von als inakzeptabel angesehenen Verhaltensweisen und am nächsten Tag wurde Miklos von der Schule verwiesen.

Kurz danach befasste mein Großvater sich mit ihm auf eine zu dieser Zeit nicht ungewöhnlichen Art und Weise. Er setzte sich mit einem Cousin in Amerika in Verbindung und bat diesen, Miklos vorrübergehend aufzunehmen. Der Cousin stimmte zu, entweder aufgrund eines sehr guten Herzens oder einer Verpflichtung, die er meinem Großvater gegenüber noch offen hatte. Mein Großvater packte Miklos Sachen zusammen und begleitet ihn mit dem Zug nach Hamburg, von wo aus er ihn auf ein Schiff nach Amerika brachte.

Nach ein paar Monaten in Amerika stahl Miklos 500 Dollar von dem Cousin, der ihn beherbergte und verschwand. Ein paar Jahre nach dem Ersten Weltkrieg tauchte er in New York unter dem neuen Namen Charles Brown und mit einer Apothekerlizenz wieder auf. Was er in der Zwischenzeit gemacht hatte oder wie er Apotheker wurde, ist weder mir noch, so denke ich zumindest, seinen Kindern bekannt. Es gibt viele andere Lücken in meinem Wissen über sein abenteuerliches Leben.

Er zahlte die 500 Dollar zurück, versöhnte sich mit dem Cousin und fand eine Anstellung in einer Apotheke in der Nähe des Times Square. Ein Jahr später verstarb der Apotheker und Miklos, nun Charlie genannt, kaufte der Witwe das Geschäft ab. Die Apotheke schien gut zu laufen, aber rastlos, wie er war, verkaufte er sie nach ein paar Jahren und zog nach Chicago, wo er eine Stelle als Handelsreisender und Vertriebsmitarbeiter für ein Pharmaunternehmen fand. Gelegentliche Briefe hielten die Verbindung zu seiner europäischen Familie aufrecht.

Miklos in Amerika (ungefähr 1940).

Lola und Charlie.

Auf einer seiner Reisen nach Atlanta lernte er Lola Cody kennen, die damals als Model für einen Unterwäschehersteller arbeitete. Sie verliebten sich, heirateten und ließen sich eine Weile in Miami nieder, wo ihre erste Tochter Jean geboren wurde. Nach etwa einem

Jahr in Miami zog Charlie mit seiner kleinen Familie nach Evansville, Indiana, wo er in mehreren Lokalen Spielautomaten besaß und betrieb. Dieser Betrieb wurde angeblich von einem Verbrechersyndikat kontrolliert, eine Verbindung, die Charlie während seiner Zeit in Chicago aufgebaut hatte. Mehrere Jahre lang lief es für ihn in Evansville sehr gut. Lola und Charlie bekamen drei weitere Töchter: Mary Anne, Kitty und Susie.

Charlie, Lola und ihre Töchter (ungefähr 1950).

Kurz nach Ende des Zweiten Weltkriegs im Jahr 1947, als die Familie in Evansville lebte, kehrte Charlie das erste Mal nach Europa zurück. Er besuchte erst seinen Bruder Lajcsi in Paris und dann uns, das heißt die Familien seiner drei Schwestern und Ernő, die nun allesamt in Košice lebten. Er sprach immer noch ein verständliches Ungarisch, und so kommunizierten wir miteinander. Meine einzige klare Erinnerung an seinen Besuch ist sein wiederholtes Lob auf das lokale Eis. Er kaufte uns und sich jedes Mal, wenn wir einen Ausflug machten, Eis und versäumte nie darauf hinzuweisen, dass man in den USA nirgendwo so großartiges Eis bekommen könne.

Aufgrund meiner idealisierten Sicht auf die USA fiel es mir zunächst schwer, das zu glauben. Nachdem ich während des Krieges Hunderte von mächtigen silbernen amerikanischen Flugzeugen gesehen hatte, die über uns hinweggeflogen waren und Rache am deutschen Feind geübt hatten, glaubte ich, dass alles Amerikanische das Allerbeste sei. Aber als Charlie uns besuchte, wurde mein Bild von Amerika ein wenig getrübt. Diese Ernüchterung begann damit, dass ich die vielen Cowboy-Filme sah, die in den örtlichen Kinos gezeigt wurden. Die amerikanischen Helden schienen etwas ungeschickt. Nehmen wir zum Beispiel den großen amerikanischen Cowboy-Helden Hopalong Cassidy, der sich hinter einem Felsen versteckt, Dutzende von Kugeln auf die Bösewichte abfeuert und jedes Mal sein Ziel verfehlt. Ein hervorragendes Eis in Košice schien daraufhin plausibel.

Einige Jahre nach seiner Rückkehr aus Europa veränderte sich die politische Lage in Evansville. Die Verwaltung, die Charlies Spielunternehmen ermöglicht hatte, wurde abgewählt und die Polizei durchsuchte auf Anweisungen hin Charlies Unternehmen und zerstörte seine Spielautomaten. Die Familie zog daraufhin zurück nach Miami, wo Charlie eine Apotheke und ein medizinisches Gebäude erwarb. Er war auch Miteigentümer einiger Orangenplantagen in der Nähe von Miami.

Charlie rauchte mehrere Schachteln Camel-Zigaretten am Tag und in den späten 1950er-Jahren zeichneten sich bei ihm die ersten Symptome eines Emphysems ab. Sein Arzt riet ihm, in ein trockeneres Klima umzuziehen und Charlie entschied sich für Asheville in North Carolina, wo er einen Lebensmittelladen eröffnete.

Charlie und ich in Košice (1947).

Charlie und Erzsi bei seinem letzten Besuch in Košice.

Sein gesundheitlicher Zustand verschlechterte sich zunehmend und im Jahr 1963 beschloss Charlie seiner ursprünglichen Familie einen Besuch abzustatten, von dem er meiner Meinung nach wusste, dass es ein Abschiedsbesuch sein würde. Erneut reiste er nach Paris, Košice und Toronto, wo meine Mutter und Ernő nun lebten. Anschließend kam er nach New York, um mich, meine Frau Judith und unseren kleinen Sohn Michael zu sehen. Charlie konnte zu diesem Zeitpunkt kaum mehr atmen, aber er rauchte weiterhin seine Camel-Zigaretten. Mit einer Zigarette im Mund blieb er alle paar Schritte stehen, um zu verschnaufen. Der Cousin, mit dem er gelebt hatte, als er nach Amerika gekommen war, war bereits verstorben, aber Charlie organisierte ein Treffen mit seinen Kindern und Enkeln, um den Kontakt zu ihnen wieder herzustellen. Charlie und ich nahmen ein Taxi zu einem Haus auf Long Island, wo wir hors d'œuvres aßen, Wein tranken und vergeblich versuchten, Gesprächsthemen zu finden. Bald wurde deutlich, dass sich unsere Wege getrennt und wir wenig gemein hatten. Nach ein paar Stunden verabschiedeten wir uns und nahmen ein Taxi zurück nach Manhattan. Am nächsten Tag flog Charlie zurück nach Asheville. Man sagte mir, er starb am darauffolgenden Tag.

Im Sommer 1968 besuchte ich eine Konferenz in Nashville, Tennessee, und vereinbarte einen Besuch bei meiner Familie in North Carolina. Kitty, Suzy und Lola lebten immer noch in Asheville und Mary Anne lebte in Gastonia, nur einige Kilometer von Asheville entfernt. Ich glaube nur Jean war nach New Orleans weggezogen. Ich nahm einen Bus von Nashville nach Asheville, wo Kitty auf mich wartete und mich zu ihnen nach Hause fuhr. Noch bevor ich ins Auto stieg, fragte Kitty: „Stimmt es, dass Papa jüdisch war?" Sie war gerade aus Paris zurückgekehrt, wo sie mit ihrem Mann, einem Marineoffizier, ihre Flitterwochen verbracht hatte. In Paris hatten sie Maud, die Witwe meines Onkels, besucht, die ihnen erzählt hatte, sie habe Lajcsi während des Krieges versteckt gehalten. Auf die Frage hin, warum sie ihn verstecken musste, antwortete Maud: „Die Deutschen deportierten und ermordeten Juden." Wenn Lajcsi jüdisch war, musste sein Bruder Charlie auch jüdischer Herkunft gewesen sein.

Als wir zu ihrem Haus fuhren, wartete Lola auf der Veranda und empfing uns warm und herzlich. Sie war eine attraktive, elegante Frau. Unsere Familie glaubte, dass Lola die Enkelin von Buffalo Cody sei, was uns Miklos erzählt haben musste. Lola versicherte uns aber später nachdrücklich, dass sie keinen Verwandtschaftsgrad zu Buffalo Bill hatte. Lola wollte auch von mir bestätigt wissen, dass Charlie jüdisch war. Ihr fiel es schwer, diese neue Information zu verarbeiten. Charlie hatte ihr gesagt, er sei Lutheraner und stamme von ungarischem Adel ab. „Ich hätte es ahnen müssen" sagte sie. „Wo auch immer wir hinzogen, suchte Charlie den örtlichen Rabbi auf und freundete sich mit ihm an." Als Charlie starb bezahlte Lola 300 Dollar, um einen lutherischen Pfarrer aus einer etwa 110 km entfernten Stadt für die Beerdigung bringen zu lassen. „Weißt du", sagte Lola, „der befreundete Rabbi kam zur Beerdigung und wohnt nur ein paar Straßen weiter."

Am nächsten Tag, einem Sonntag, besuchten wir Mary Anne und ihren Ehemann Tom Case in Gastonia. Lola, Kitty, Suzy und ich fuhren im Auto von Kittys Ehemann, der auf dem Weg nach Vietnam war. Ich fuhr, weil Kitty der Meinung war, wenn ein Mann dabei sei, sollte der auch fahren. Nach Gastonia zu fahren war eine interessante Erfahrung. Das Auto hatte mehrere militärische Abzeichen und obwohl in New Haven Anti-Kriegs-Demonstrationen stattfanden, zeigten hier auf dem Weg nach Gastonia mehrere Männer in entgegenkommenden Autos Siegeszeichen und manche salutierten streng.

Mary Annes Haus war voll mit Freunden und Toms Verwandten, die uns erwarteten. Als wir hereinkamen sagte Kitty laut, „Wusstet ihr, dass wir jüdisch sind?" Es herrschte eine lange Stille, dann wurde ich umarmt und herzlich begrüßt. Es war ein wunderbares Ereignis.

Zurück in Asheville sagte Lola über eine Tasse Kaffe zu mir: „Es stört mich nicht, dass Charlie jüdisch war. Aber Paul, was weiß ich sonst nicht über ihn?" „Keiner von uns kannte Charlie gut", sagte ich, „aber wenn ich Zeit mit ihm verbrachte, erzählte er immer von euch. Ihr wart für ihn immer an erster Stelle und er hat euch geliebt." „Das stimmt", sagte sie.

Béla in Paris (ungefähr 1925).

Béla. Béla, der junge Mann mit dem Schnurrbart auf dem Familienfoto, war das zweite Kind meiner Großeltern. Nach seinem Gymnasialabschluss kurz nach dem Ersten

Weltkrieg ging Béla nach Paris, um Lebenserfahrung zu sammeln und einen Beruf zu erlernen. Dies war ein üblicher Weg für junge jüdische Männer dieser Generation. Soweit ich mich erinnere, trat er eine Ausbildung in einem Architekturbüro an. Er sprach bald fließend Französisch und genoss Paris sehr. Er besuchte die Familie einmal im Jahr und kam auch zur Beerdigung und Schiv'a meiner Großmutter.

Irgendwann in den frühen 1930er-Jahren schrieb er meiner Großmutter zur Überraschung aller, dass er sich in eine junge französische Nichtjüdin verliebt hatte, die er heiraten wolle und gerne mit nach Hause brächte, um sie seiner Familie vorzustellen. Meine Großmutter schrieb zurück, dass er, wenn er sie nicht zerstören wolle, mit ihr Schluss machen und nach Humenne heimkehren solle. Es war schwer für mich zu verstehen, aber er gab nach und kehrte kurz darauf nach Hause zurück. In Humenne mobilisierte die Familie schnell ihre Kräfte und stellte ihm mehrere junge heiratsfähige Frauen jüdischer Abstammung vor. Er heiratet eine Frau aus Sabinov, einer kleinen Stadt einige Kilometer von Humenne entfernt, wo sein Schwiegervater das Stadthotel besaß. Er übernahm daraufhin die Geschäftsleitung des Hotels und sie bekamen kurz danach einen Sohn, das erste Enkelkind meiner Großmutter. Ich erinnere mich daran, ein Foto von Béla und seinem Sohn gemeinsam an einem Tisch sitzend gesehen zu haben. Dieses Foto fehlt im Album, wahrscheinlich fiel es heraus.

An einem Sonntagmorgen, als Béla und sein Sohn im oberen Speisesaal des Hotels beim Frühstück saßen, stürzte die Decke des Hotels ein und tötete sie beide. Wie man sich vorstellen kann, war meine Großmutter außer sich. Sie gab sich selbst die Schuld an der Katastrophe und fragte nie mehr nach der Religion der Frauen, die meine Onkel heirateten. Daraufhin heirateten zwei der verbliebenen drei Brüder nichtjüdische Frauen.

Ernő als Offizier in der tschechoslowakischen Armee.

Ernő (Ernest). Mein Onkel Ernő war der drittgeborene Sohn meiner Großeltern. Er war der konventionellste und besterzogene der Brüder. Nachdem er das Gymnasium abschloss, diente er in der Tschechoslowakischen Armee. Er ließ sich in Košice nieder, damals mit 70.000 Einwohnern die zweitgrößte Stadt in der Slowakei und nur ungefähr 65 Kilometer von Humenne entfernt.

Ernő erlangte eine Stelle als Angestellter in einem regionalen Büro von Phoenix, einer österreichischen Versicherungsgesellschaft, stieg sehr schnell in den Rängen auf und wurde noch vor seinem vierzigsten Lebensjahr zur Führungskraft. Er heiratet (ich glaube, es war 1932) eine junge Frau aus einer angesehenen jüdischen Familie in Košice. Sein neuer Schwiegervater war ein erfolgreicher Anwalt und Richter. Mit seiner Hilfe kaufte Ernő ein elegantes Haus, nur wenige Häuser von seinen Schwiegereltern entfernt. Im Jahr 1934 bekamen sie einen Sohn, Gyuri. Auf dem Foto seiner neuen Familie sind die Schwiegereltern auf der rechten Seite, während die beiden Schwäger Gyuri einrahmen. Soweit ich mich erinnere, ist das Haus im Hintergrund Ernős Zuhause.

Ernő und seine Frau.

Mein Cousin Gyuri war ein Jahr älter als ich und ich erinnere mich an mehrere Besuche bei ihm. Die Fotos fangen meine Erinnerung an den zurückgezogenen Jungen gut ein. Man erwartete von uns, dass wir gemeinsam spielten, aber wir saßen nur beisammen und starrten Löcher in die Luft. Bei einem unserer Besuche in Košice, als ich ungefähr drei Jahre alt war, saßen wir gemeinsam im Sandkasten im Hinterhof von Ernős Haus und Gyuri saß völlig regungslos neben mir. Aus Frustration schlug ich ihm mit meiner kleinen Plastikschaufel auf den Kopf, sodass er anfing zu weinen. Mein Onkel kam aus dem Haus gerannt und schrie mich besorgniserregt an und sagte etwas über Gyuris Gebrechlichkeit. Ich erinnere mich vage, dass dies mit den Nachwirkungen von Scharlach zusammenhing. Man ließ mich nie wieder mit Gyuri spielen.

In den Jahren 1938 und 1939 übernahm Deutschland den tschechischen Teil der Tschechoslowakei und Ungarn annektierte Karpatenruthenien und große Teile von der südlichen Slowakei einschließlich Košice. Im Juni 1941 griff Deutschland die Sowjetunion an. In der Erwartung eines schnellen Sieges schloss Ungarn sich dem Angriff an. Zu dieser Zeit waren die antijüdischen Gesetze in Ungarn bereits in Kraft getreten. Juden wurden nicht in die reguläre Armee eingezogen, sondern zu Arbeitsbrigaden einberufen. Mein Onkel Ernő gehörte zu diesen Einberufenen und seine Brigade nahm am ungarischen Marsch auf Stalingrad teil. Die Mitglieder der jüdischen Arbeitsbrigade wurden als Zwangsarbeiter für die deutschen und ungarischen Armeen benutzt. Sie bauten Straßen, gruben Schützengräben und verrichteten eine Vielzahl anderer körperlicher Schwerstarbeiten. Die meisten führenden Offiziere der Brigade waren Mitglieder des Pfeilkreuzes, dem ungarischen Äquivalent zur SS. Es gibt dokumentierte Fälle von jüdischen Eingezogenen, die auf Minenfelder getrieben wurden, um den Weg für ungarische Soldaten zu räumen.

Die Schlacht von Stalingrad war die erste große Niederlage der deutschen Armee. Die meisten ungarischen und deutschen Soldaten, die jüdischen Einberufenen eingeschlossen, wurden getötet, verletzt oder gefangen genommen. Der Rest der ungarischen Armee machte sich auf den langen Weg zurück nach Ungarn. Ernő legte mehr als 1.600 Kilometer bis nach Ungarn zu Fuß zurück. Er erzählte mir vom Hunger, der Kälte und dem Tod, der ihn umgab. Von den 10.000 Juden in seiner Brigade schafften es nur 100 nach Hause. Als ich ihn fragte, wie er überlebte, sagte er, dass er einen sehr warmen Mantel trug, aber es steckte mehr dahinter. Ernő organisierte die Männer um sich herum, sodass sie aufeinander Acht gaben und besonders ein Auge auf die ersten Anzeichen von Erfrierungen hatten. Er sorgte auch dafür, dass sie das Essen, welches sie auf dem Weg durch die Dörfer fanden, gerecht teilten.

Ich sah ihn im April 1944, drei Monate nach seiner Rückkehr. Er war bereits in einem Ghetto in Košice mit meinen Großeltern. Als er sich blicken ließ, sah er abgemagert und müde aus. Ich saß auf seinem Schoß, während er mich umarmte. Drei Wochen später wurden die jüdischen Anwohner von Košice in die großen Gebäude der Ziegelwerke getrieben, wo sie auf Viehwaggons warteten, die sie nach Auschwitz bringen würden.

Irgendwie überlebte Ernő die zehn Monate in Auschwitz, aber als sich die Tore des Konzentrationslagers Ende Januar öffneten, war er dem Tod durch Typhus nahe. Er lag unter einem Baum neben Hunderten von anderen kranken Überlebenden und konnte sich nicht bewegen. Was dann geschah hielten er und ich für ein kleines Wunder. Seine jüngste Schwester Erzsi, die auch soeben aus dem Konzentrationslager entlassen worden war, lief zufällig an ihm vorbei und erkannte ihn. Eigentlich erkannte sie nicht ihn selbst, sondern die Mütze, die den größten Teil seines abgemagerten Gesichts bedeckte. Sie pflegte ihn mehrere Wochen, bis er wieder zu Kräften kam. Danach erkrankte sie selbst an Typhus und er pflegte sie wieder gesund. Mein Onkel Ernő ist die einzige Person, die ich kenne, die sowohl die Schlacht von Stalingrad als auch Auschwitz überlebt hat.

Nach ein paar Monaten, als beide wieder zu Kräften gekommen waren, machten sie sich auf den Weg nach Košice. Hier trafen wir uns alle wieder und erfuhren von den Verlusten, die wir alle erlitten hatten.

Viele Jahrzehnte später besuchte ich Ernő häufig in Toronto, wo er im Ruhestand mit seiner Frau in einem Gebäude mit sechs Wohnungen lebte, die von Familienmitgliedern bewohnt waren. Ich fand Ernő immer in Anzug und Krawatte, auf einem gemütlichen Sessel sitzend, ein Buch oder die lokale Zeitung lesend. Ich sagte oft zu ihm: "Ernő bacsi, lass uns einen kleinen Spaziergang machen!" Unweigerlich lautete seine Antwort auf Ungarisch: „Palikam draga (mein lieber Paul), ich bin genug für zwei Leben gelaufen." Und tatsächlich trieb er nie Sport, aß reichhaltiges ungarisches Essen, war übergewichtig und starb friedlich im Alter von 90 Jahren.

Während einer meiner Besuche in Toronto erzählte Ernő mir von seinen letzten Tagen in Košice bevor er nach Auschwitz deportiert wurde. Wie bereits erwähnt lebten Ernő und seine Familie auf derselben Straße wie sein wohlhabender Schwiegervater. Zu dieser Zeit nahmen die ungarische Polizei und die deutschen Truppen Juden aus ihren Häusern mit, luden sie auf Lastwagen und brachten sie zu einem zentralen Depot, den unbenutzten Ziegelwerken, wo sie auf die Deportation nach Auschwitz warteten. Am Abend bevor sie deportiert wurden, hatte Ernős Schwiegervater ihn und seine Familie zum Essen eingeladen. Natürlich war die voranschreitende Deportation der Juden das Hauptgesprächsthema. Sein Schwiegervater breitete eine Karte von Košice aus und erklärte Ernő das Straßenmuster der Deportationen. Für ihn war klar, dass die Juden in ihrer Straße nicht deportiert werden würden, weil sie gut ausgebildet Fachleute waren und fließend Deutsch sprachen; sie waren offensichtlich nicht das einfache Volk. Daher waren sie sicher, wo sie lebten. „Und er hatte mich überzeugt," sagte Ernő.

Lajcsi (links) am Strand.

Lajcsi. Über meinen Onkel Lajcsi weiß ich am wenigsten. Er verließ mit etwas 19 Jahren, kurz nachdem er das Gymnasium abgeschlossen hatte, die Tschechoslowakei. Zu dieser Zeit war Béla bereits gut etabliert in Paris. Lajcsi begann eine Ausbildung zum Uhrmacher und eröffnete kurz nach Abschluss seiner Ausbildung ein Schmuck- und Uhrengeschäft. Er heiratete Maud, die aus England nach Frankreich immigrierte und sie bekamen zwei Töchter, die ich nie traf. Ich erinnere mich an einen kurzen Besuch in Košice nach dem Krieg, womöglich im Jahr 1947. Er kam allein und erzählte uns erst dann von Maud, die ihn vor den Deutschen, der französischen Polizei und den argwöhnischen Nachbarn versteckt gehalten hatte. Er traf meine Eltern mehrfach nach dem Krieg. Einmal kam er nach Toronto und ein anderes Mal trafen sie sich, als er und meine Eltern in Košice zu Besuch waren. Ich traf ihn nur ein weiteres Mal im Jahr 1966 als meine Frau, unser vierjähriger Sohn und ich auf dem Weg nach Israel vier Tage in Paris Halt machten. Wir übernachteten im Hotel California, das während des Krieges die Hauptzentrale der Gestapo gewesen war. Damals gehörte es zu den elegantesten Hotels in Paris. Die damaligen wirtschaftlichen Bedingungen in Frankreich erlaubten es sogar mir, mit meinem verhältnismäßig niedrigen Gehalt eine große Suite für uns zu buchen.

Lajcsi war sehr zuvorkommend. Er zeigte uns die Sehenswürdigkeiten in Paris, fuhr mit uns nach Versaille und lud uns zum Mittagessen in seine Wohnung ein. Ich erinnere mich immer noch an die wundervolle Mahlzeit, die Maud uns zubereitete, vor allem an den Tomatensalat. Lajcsi war sehr stolz auf alles Französische. Er war Kettenraucher und natürlich gab es keine besseren Zigaretten als die französischen Gauloises und Gitanes. Als Raucher in dieser Zeit muss ich jedoch zugeben, dass er wahrscheinlich Recht hatte. Er servierte uns unter anderem Käse zum Mittagessen und erzählte uns von den

Wundern der französischen Käsesorten. Ich sah auf das Etikette auf dem „Hergestellt in Finnland" stand. Ich weiß, dass ich es nicht hätte tun sollen, aber ich wies auf die angegebene Herkunft des Käses hin. Ohne zu zögern sagte er: „Diese Dinge werden oft falsch beschriftet." Onkel Lajcsi starb mit Mitte achtzig, irgendwann um das Jahr 1985 herum.

2

MEINE MUTTER UND IHRE SCHWESTERN

Meine Mutter Rozsi und all ihre Geschwister, die zwei Schwestern Manci und Erzsi sowie ihre drei Brüder, wurden in Humenne geboren. Meine Mutter wurde am 4. April 1911 geboren. Sie wuchs in einem jüdischen Haushalt auf, in dem Kaschrut und Schabbat mehr oder weniger eingehalten wurden. Manche der Juden in Humenne waren orthodoxe Chassidim, aber die meisten, obwohl sie noch praktizierende Juden und Jüdinnen waren, hatten sich an das 20. Jahrhundert angepasst und pflegten auch Freundschaften mit Nichtjuden. Durch die Zahnarztpraxis hatte mein Großvater und später auch mein Onkel Karči eine starke Verbindung zur Gemeinde. Meine Mutter und ihre Freundinnen spielten Tennis, liefen Schlittschuh, tanzten die neusten Tänze, unternahmen Wanderungen, besuchten Partys und wurden frei von jungen jüdischen Männern umworben.

Meine Mutter (rechts) und ihre Schwester Erzsi waren begeisterte Schlittschuhläuferinnen.

Tennisspieler. Die junge Frau auf der linken Seite ist die ältere Schwester meiner Mutter, Manci. Links hinter ihr steht ihr Verlobter Karči.

Wanderungen zu unternehmen war eine der Lieblingsaktivitäten der jungen Menschen, wahrscheinlich durch den weitläufigen Einfluss von Pfadfindergruppen und der deutschen Wandervogel Bewegungen, die sich der Natur zuwandten. Das Foto zeigt meine Mutter und ihre zwei Schwestern, wie sie in der ländlichen Umgebung von Humenne wandern. Nur zwei Männer sind auf dem Foto zu sehen. Der dritte Mann, Karči, steht hinter der Kamera. Er war meistens der Fotograf. Junge Menschen beteiligten sich auch oft an unterschiedlichsten Theatergruppen, die häufig moderne Theaterstücke und Musicals aufführten.

Eine andere Wanderung.

Die einzelne Person neben ihr ist eine Cousine, an deren Namen ich mich nicht erinnern kann. Sie wurde in Auschwitz getötet.

Eine musikalische Darbietung. Meine Mutter ist die vierte Person von rechts.

Die einzelne Person neben ihr ist eine Cousine, an deren Namen ich mich nicht erinnern kann. Sie wurde in Auschwitz getötet.

Es war eine der beliebtesten Sommeraktivitäten für einen Sonntagnachmittag entlang der Promenade in Humenne zu schlendern. Dieser breite Gehweg mit Bäumen auf einer Seite erstreckte sich für ungefähr einen Kilometer entlang der Hauptstraße. Familien mit Kindern, Alleinstehende, Juden sowie Nichtjuden spazierten hier in ihren elegantesten Kleidern und machten oft Halt, um sich zu unterhalten und Neuigkeiten auszutauschen. Das Leben in Humenne schien sanft und leicht.

Während ich versuche, die Jugend meiner Mutter zu rekonstruieren, fällt mir auf, dass ich nicht viel über diese Zeit in ihrem Leben weiß. Sie hat nie viel darüber gesprochen. Tatsächlich glaube ich, dass in den Leben junger Frauen, die zu dieser Zeit aufwuchsen, nicht viel passierte. Das Leben der Frauen im sozialen Umfeld meiner Familie war eingeschränkt und vorhersehbar. Meine Mutter machte ihren Abschluss an einem Wirtschaftsgymnasium und danach war ihr Leben mehr oder weniger eine Vorbereitung auf die Ehe.

Eine Gruppe von Freunden. Die Männer kenne ich nicht. Die Frauen auf dem Foto sind von links nach rechts: meine Mutter, eine Cousine und die Schwester meiner Mutter, Erzsi.

Meine Mutter lernte es zu kochen, zu nähen und die Gänse per Zwangsfütterung zu mästen. Obwohl im Haushalt immer ein Dienstmädchen lebte, war es die Aufgabe der Frauen in der Familie, die Gans zu mästen. Ich erinnere mich daran, meiner Mutter als kleiner Junge bei dieser Aufgabe zugesehen zu haben. Der Vogel wurde etwa einen Monat vor einem Festtag auf einem Wochenmarkt gekauft und in einem großen abgedeckten Korb heimgebracht. Bevor die Zwangsfütterung begann, wurde der Gans eine Kupfermünze durch die Kehle in den Magen geschoben, was zu einer saftigen Leber führte. Keinem in unserem Haushalt war jedoch bewusst, dass die große Leber durch den giftigen Effekt des Kupfers entsteht. Die Gans wurde dann in einen Holzkäfig gesetzt, der so klein war, dass der eingesperrte Vogel gezwungenermaßen bewegungslos dort saß. Die Gans wurde über eine Klappe oben auf dem Käfig für die Fütterungen herausgenommen. Zweimal am Tag wurde der Vogel mit Maiskörnern gestopft, die für mehrere Stunden im Wasser eingeweicht worden waren. Um den Vogel zu füttern, setzte sich meine Mutter mit der Gans unter den Knien auf den Boden, hielt den Schnabel geöffnet und stopfte mit dem Zeigefinger jeweils eine Handvoll Maisbrei in den Rachen der Gans. Wenn ein Korn in der Luftröhre der Gans stecken blieb, begann die Gans zu ersticken. Das war eine ernste Angelegenheit und erforderte sofortiges Eingreifen. Der erste Schritt war, dem Kopf der Gans einen kräftigen Klaps zu versetzen. Wenn dies nicht half, riss meine Mutter der Gans eine Feder aus und führte sie ihr durch ein Nasenloch ein, um den Atemweg zu öffnen. Dies schien das Problem immer zu lösen. Nach drei oder vier Wochen des täglichen Stopfens war die Gans vollständig gemästet und fertig für die rituelle Schlachtung, die auch Schächten genannt wird.

Neben dieser erdverbundenen Ausbildung hatte das Leben der jungen Frauen auch einen besonders romantischen Charakter. Jedes Mädchen hatte ihr persönliches Lied ausgesucht aus dem ungarischen Repertoire trauriger, etwas morbider Lieder, die unerwiderte Sehnsüchte ausdrückten. An Sommerabenden stellte sich ein junger Mann, der seine Bewunderung für ein Mädchen kundtun wollte, unter ihr Fenster und sang, begleitet von einer kleinen Zigeunergruppe, ihr Lied, sodass alle Nachbarn seine Verehrung sehen konnten. Das Lied beinhaltete oft in irgendeiner Form den Namen des Mädchens. Ich wusste immer, dass das Lied meiner Mutter „Halvany Sarga Rozsa" war. Der Refrain geht folgendermaßen: „Oh, du blassgelbe Rose, wenn du nur sprechen könntest, würdest du mir sagen, dass das Leben nicht lebenswert ist". Dann erläutert das Lied Strophe für Strophe die Verzweiflung des Sängers.

Jahrzehnte später, in den 1960er-Jahren, als meine Mutter schon an Lungenkrebs erkrankt war, kam sie zu Besuch nach Boston. Wir gingen mit der ganzen Familie in ein ungarisches Restaurant, das ein Zigeunerorchester hatte. Ich steckte dem Violinisten einen 10-Dollarschein zu und fragte ihn, ob er zu unserem Tisch kommen könnte, um das Lied meiner Mutter zu spielen. Das kleine Orchester kam zu uns herüber und begann zu spielen. Tränen stiegen meiner Mutter in die Augen und sie fing an zu weinen. Es gibt viele Versionen des Liedes auf YouTube. Ab und an höre ich das Lied und sogar dann steigen Traurigkeit und Sehnsucht in mir hoch.[1]

Dieses Genre der ungarischen UntergangsLiebeslieder war in den frühen 1930er-Jahren beliebt, wahrscheinlich, weil es die Hoffnungslosigkeit der Weltwirtschaftskrise sowie die Sehnsüchte der jungen Nachkriegsgeneration widerspiegelte. Die englische Übersetzung eines dieser Lieder, „Szomoru Vasarnap", im Englischen „Gloomy Sunday", erlangte weltweit Popularität. Es wurde als „Selbstmordlied" bezeichnet, weil sich angeblich eine Vielzahl von Menschen das Leben nahmen, während dieses Lied auf dem Grammophon lief.[2] Dieser romantische Aspekt des Lebens junger Frauen war in Wahrheit nur eine Fassade. Als es um die Suche eines Ehemanns ging, war die Wahl der Frauen selbst im sozialen Umfeld meiner Mutter eingeschränkt. Wie es üblich war, heirateten sowohl meine Mutter als auch ihre Schwester Erzsi Männer, die mein Onkel Ernő ihnen vorstellte. Die jungen Männer waren Ernős Kommilitonen in der Universität gewesen. Sie waren mehrere Jahre älter als die Frauen und kamen aus guten Familien, hatten solide Anstellungen und gute wirtschaftliche Aussichten. Diese Männer kamen nicht aus Humenne und waren den Mädchen, bevor Ernős sie ihnen vorstellte, nicht bekannt. Ich weiß nicht, ob in diesen Ehen Mitgiftvereinbarungen getroffen wurden, aber ich denke nicht, denn ich habe in meiner Familie nie etwas von einer Mitgift gehört.

Meine Tante Erzsi heiratete Geza Czikk, einen Buchhalter, der acht Jahre älter war als sie. Er hatte eine feste Anstellung in einer gut etablierten Firma. Ich erinnere mich an ihn als einen farblosen, stillen und, wie alle immer betonten, sehr fleißigen Mann. Zur Zeit ihrer Verlobung besaß er bereits ein Haus, was ein großer

Pluspunkt war. Das Fotoalbum enthält kein Hochzeitsfoto der beiden, aber ich habe ein Foto von Geza und Erzsi mit Miklos gefunden, das aufgenommen wurde, als Miklos nach dem Krieg zu Besuch in Košice war.

Meine Mutter heiratet Imre Davidovits, dessen Eltern in Moldava, einer kleinen Stadt ungefähr 160 km von Humenne entfernt lebten. Moldava, das am Fluss Bodva liegt, hatte damals etwa 2000 Einwohner und eine große jüdische Gemeinde von etwas 500 Personen.

Es kam auf eine etwas andere Weise zur Eheschließung zwischen meiner Tante Manci mit Karči. Mancis Vater (mein Großvater) Heinrich, wurde zunehmend durch seine Asthmaanfälle arbeitsunfähiger. Er suchte landesweit nach einem jungen Zahnarzt, der in seiner Praxis mitarbeiten sollte. Karči aus Budapest bewarb sich und wurde für die Geschäftspartnerschaft ausgesucht. Daraufhin verliebten Manci und Karči sich ineinander und trafen sich heimlich. Sie wurde schwanger und hatte eine Abtreibung, kurz darauf heirateten sie. Sie war eine wundervolle, herzliche Frau, die sehr gerne Kinder wollte. Leider war bei der Abtreibung etwas schief gegangen und danach konnte sie keine Kinder mehr bekommen.

Von rechts nach links, Geza, Erzsi und Miklos.

Hochzeitsfoto meiner Eltern, Rozsi und Imre.

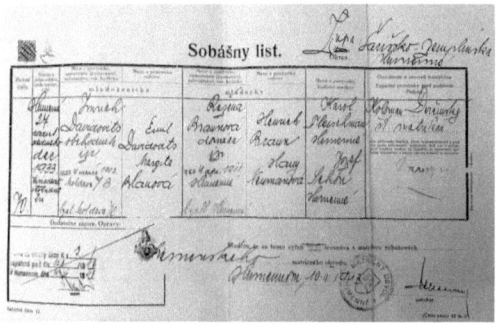

Heiratsurkunde meiner Eltern.

---

1. https://www.youtube.com/watch?v=1IKjW3I_CvM
2. https://wwwyoutube.com/watch?v=9vjNdSOgFso

3

MEIN VATER UND SEINE FAMILIE

Ich weiß viel weniger über die Familie meines Vaters als über die meiner Mutter. Nachdem mein Vater im Jahr 1938, als ich noch nicht ganz drei Jahre alt war, verstarb, lebte ich hauptsächlich bei der Familie meiner Mutter. Vielleicht ist es für meine Fähigkeit, die Vergangenheit zu rekonstruieren am wichtigsten, dass alle Geschwister meiner Mutter den Zweiten Weltkrieg überlebten, denn so hielt ich den Kontakt mit ihnen bis ins Erwachsenenalter hinein. Die Familie meines Vaters wurde gänzlich im Holocaust ermordet. Ich bin der einzige Überlebende.

Mein Großvater. Emil Davidovits, mein Großvater, besaß ein Großhandelsgeschäft für Lebensmittel in Moldava. Ich erinnere mich daran als einen weitläufigen Raum mit Jutesäcken voller Getreide, Weizen, Reis und Trockenfrüchte, mit teils geöffneten, teils ungeöffneten Reihen von Dosenwaren in ordentlicher Anordnung auf den Regalen und mit einem stetigen wundervollen Gewürzduft, der in der Luft lag.

Im Jahr 1920 erbaute mein Großvater, was zu dieser Zeit das größte private Haus in Moldava war. Ich erinnere mich daran als ein schönes, aber für städtische Verhältnisse bescheidenes Haus. Das Geschäft lag vorne an der Hauptstraße und der Wohnbereich befand sich im hinteren Teil des Hauses und war von einem Garten umgeben. Teil des Gartens war ein separates Haus und ein großer Schuppen. Zu dieser Zeit gab es in Moldava weder ein zentrales Abwassersystem noch eine zentrale Wasserversorgung. Die Toiletten befanden sich im Außengebäude und die Wasserversorgung erfolgte über mehrere Brunnen. Die Küche hatte einen Innenbrunnen, der das gesamte Haus mit Wasser versorgte.

My grandparents' store and house in Moldava. From the postcard collection of Dalibor Danko.

Während des Zweiten Weltkriegs, als ich beinah acht Jahre alt war, lebte ich ungefähr für ein Jahr bei meinen Großeltern in Moldava, das damals zu Ungarn gehörte. An meinen Großvater erinnere ich mich als einen strengen, aber liebenswerten Mann. In jenem Jahr ging ich zur Schule und er half mir, das Einmaleins auswendig zu lernen. Bis heute kommen mir die Ergebnisse beliebiger Multiplikationen bis zwölf auf Ungarisch in den Sinn und mit seiner Stimme, die im Hintergrund hallt.

Ich glaube, ich führe zumindest einen Charakterzug meines Großvaters in meinem Leben fort. Moldava war eine gesegnete Apfelregion mit einer Apfelsorte die „Jonotan" oder „Jonathan" heißt. Diese Sorte wächst auch im Nordosten der USA. Jeden Sommer zur Hochsaison der Apfelernte kaufte mein Großvater eine große Menge Äpfel und ließ sie in einer Schubkarre nach Hause bringen. Die ganze Familie verbrachte danach Stunden damit, die Äpfel einzeln in altem Zeitungspapier einzuwickeln. Die eingewickelten Äpfel wurden daraufhin auf Regalen in der ungeheizten Speisekammer gelagert. Als die Saison vorbei war und es keine Äpfel mehr zu kaufen gab, ging mein Großvater nach dem Abendessen in die Speisekammer und identifizierte durch leichtes Drücken die Äpfel, die weiche Stellen entwickelt hatten und bald schlecht werden würden. Er nahm diese, die sich dem Ende ihrer Genießbarkeit näherten, mit ins Esszimmer und gab jedem von uns einen Apfel. Wir packten die Äpfel aus, schnitten die schlechten Stellen weg und aßen den restlichen Apfel als unseren Nachtisch. So hatten wir zwar den ganzen Winter über Äpfel, aber nie einen richtig guten, knackigen.

Diese Lebenseinstellung konnte ich nie richtig abschütteln und oft ertappe ich mich beim Apfelauswählen á la Großvater. Obwohl ich meistens zum Geburtstag neue Hemden und Pullover bekomme, bin ich stets widerwillig, diese zu tragen und geneigter, meine alten, ausgetragenen Klamotten anzuziehen. Ich ziehe die neue Kleidung erst dann an, wenn die alten Sachen so ausgetragen sind, dass meine Frau darauf besteht, sie wegzuwerfen.

Meine Großmutter. Ich weiß nicht viel über Margita, meine Großmutter väterlicherseits, aber ich erinnere mich an sie als eine sanfte, liebenswürdige Frau. Auf der Heiratsurkunde meiner Eltern steht, dass ihr Mädchenname Margita Blau war. Wie bereits erwähnt lebte ich mit acht Jahren für ein Jahr bei meinen Großeltern väterlicherseits, nachdem ich ein halbes Jahr in einem Waisenhaus verbracht hatte. Wenn ich mich an dieses Jahr im Haus meiner Großeltern in Moldava zurückerinnere, wird deutlich, dass ich ein verstörtes Kind war. Nachdem ich viele Jahre lang meine Körperfunktionen gänzlich unter Kontrolle gehabt hatte, begann ich das Bett zu nässen, und litt unter Albträumen und Schlaflosigkeit. Meine Großmutter verbrachte viele nächtliche Stunden an meiner Bettkante, um meine Hand zu halten und mich zu beruhigen.

Meine Großeltern hatten drei Söhne und eine Tochter: mein Vater Imre, meine Onkel Zoli und Karcsi und eine Tochter, deren Namen ich leider vergessen habe.

Meine Großeltern väterlicherseits im Urlaub,
wahrscheinlich in Karlovy Vary (Karlsbad).

Mein Vater Imre. Ich habe nur ein paar vereinzelte Erinnerungen an meinen Vater, der starb, als ich drei Jahre alt war. Was ich über ihn weiß hat mir hauptsächlich mein Onkel Ernő erzählt. Die beiden waren Kommilitonen in der Universität gewesen, eingeschrieben in einem Studiengang, den man heute Betriebswirtschaftslehre nennen würde. Zu dieser Zeit war es für Studierende gang und gäbe von einem ortsansässigen Restaurant für eine bestimmte Anzahl an Mahlzeiten über das ganze Semester hinweg Essensmarken zu kaufen. Ernő und Imre aßen fast immer gemeinsam zu Abend. Manchmal gesellten sich andere Studierende zu ihnen und ab und an auch Eltern, die zu Besuch waren. Ernő erzählte mir, dass diese Mahlzeiten ein wichtiger sozialer Knotenpunkt waren, bei dem Verbindungen geschaffen wurden, die weit über die Studienzeit hinaus anhielten.

Mein Vater ist der erste Mann in der zweiten Reihe.

Zu Besuch in Humenne. Von links nach rechts: Eine Großtante, mein Vater, meine Mutter und Großmutter mit mir auf dem Arm und meine Tante Manci.

Ernő erzählte mir, mein Vater Imre, ein ruhiger Mann mit einem ausgezeichneten Humor, war einer der besten Studierenden. Meiner Mutter zufolge sei er ein liebenswerter Mann gewesen, der vernarrt in mich war. Aus den wenigen Fotos im Album lässt sich einiges über ihn ableiten. Verglichen mit den anderen Menschen auf den existierenden Bildern schätze ich, dass er ungefähr 1,82 cm gewesen sein muss, was zu dieser Zeit groß war. Während die anderen auf Fotos lächeln, scheint er ernst und abwesend zu sein.

Das letzte Bild meines Vaters ist ein Gruppenfoto. Ich denke, es wurde in Ruthenien aufgenommen, wo seine Schwester mit ihrer Familie lebte. Sie alle scheinen etwas zu bewundern, das nicht auf dem Foto zu sehen ist, wahrscheinlich ein Baby. Auf diesem Foto lächelt mein Vater.

Mein Vater in Ruthenien.

Mein Onkel Zoli. Der älteste Sohn, Zoli, hatte eine körperliche Behinderung, bei der es sich womöglich um eine leichte Form der Zerebralparese handelte. Sein Gang war spastisch, wobei er seinen linken Fuß hinter dem rechten, führenden Fuß hinterherzog. Oft folgten ihm Kinder auf der Straße, liefen hinter ihm her und imitierten seinen Gang. Ich mochte meinen Onkel Zoli und ich weiß noch, dass mich die Kinder, die sich hinter seinem Rücken über ihn lustig machten, sehr ärgerten. Er arbeitete im Laden mit meinem Großvater zusammen, der ständig unzufrieden mit ihm zu sein schien. Zolis Frau Zsuzsi war eine schöne Frau. Sie hatten zwei Töchter, beide jünger als ich. Zoli lebte mit seiner Familie in dem separaten Haus auf dem Grundstück meiner Großeltern. Als ich bei meinen Großeltern lebte, verbrachte ich viel Zeit mit Zoli und seiner Familie. Damals war ich tief in amerikanische Cowboy- und Indianergeschichten eingetaucht. Ich las alle übersetzten Abenteuergeschichten aus dem amerikanischen Westen, die ich bekommen konnte, hauptsächlich von Fennimore Cooper, Charles May und Zane Grey. Mein potenzieller Vorrat an Büchern war doppelt so groß, weil ich sowohl auf slowakisch als auch auf ungarisch lesen konnte.

An einem Nachmittag, als sowohl Zoli als auch Zsuzsi außer Haus waren, war ich allein mit meinen zwei jüngeren Cousinen in der Küche. Die ältere meiner Cousinen Marika war ungefähr sechs Jahre alt und die jüngere Cousine war ein Kleinkind von ungefähr drei Jahren. Ich überzeugte Marika mit mir Cowboy und Indianer zu spielen und während sie das Kleinkind festhielt, band ich es im Kinderhochstuhl fest. Wir rannten beide um sie herum und machten Geräusche, die ich für indianische Schreie hielt. Es schien sie nicht zu stören, sie saß nur da und beobachtete uns neugierig. Als Zsuzsi durch die Tür hereinkam, war ich in großen Schwierigkeiten. Mein Großvater wurde gerufen, um sich die Szene anzusehen. Man schrie mich an, forderte mich auf, mich zu entschuldigen und ließ mich versprechen, so etwas nicht nochmal zu tun. Ich hielt mich an mein Versprechen und band nie wieder Babys in Kinderhochstühlen fest.

Bald wurde mir verziehen. Tatsächlich mochte Zsuzsi mich sehr. Eines Tages hatte sie Unterleibsschmerzen. Sie machte einen Termin beim Arzt der Familie und nahm mich als ihren Begleiter mit. Wir saßen im Sprechzimmer des Arztes, aber aus Bescheidenheit wollte sie nicht, dass er sie berührt. Der Arzt gab ihr eine Puppe, sie zeigte auf die Stelle, die ihr weh tat und beantwortete einige Fragen über ihre Schmerzen. Er verschrieb ihr ein Medikament und wir gingen.

Zolis und Zsuzsis ältere Tochter Marika.

Mein Onkel Karcsi. Karcsi, der jüngste Sohn meiner Großeltern, war ein gutaussehender Mann. Er war der Vorsitzende des örtlichen Esperanto Clubs und schien immer zu lesen und zu grübeln. Ich habe zwei deutliche Erinnerungen an ihn. Ich bin ungefähr zweieinhalb Jahre alt und sitze auf den Steintreppen, die zum Laden hinaufführen. Mein Onkel Karsci steht gegen die gegenüberliegende Wand gelehnt und isst eine ganze Zitrone mit Schale. Ich kenne den sauren Geschmack einer Zitrone und bin erstaunt, dass er sie isst. Meine andere Erinnerung, die aus einer ähnlichen Zeit stammt, ist von einem Schabbat Nachmittag und ich sitze auf der Holzbank in der großen Küche im Haus meiner Großeltern. Das Haus ist still, die anderen halten einen Mittagsschlaf. Mein Onkel Karcsi kommt in die Küche und setzte sich neben mich. Ich bitte ihn, mir eine Geschichte zu erzählen. Er zieht seinen Penis heraus und antwortet, dass er mir eine Geschichte erzählt, wenn ich seinen Penis in den Mund nehme. Die Erinnerung endet hier. Ich weiß nicht mehr, ob ich tat, wozu er mich aufgefordert hatte und ob er mir eine Geschichte erzählte.

Im Jahr 1943, wenige Wochen nachdem ich aus dem Waisenhaus nach Moldava kam, wurde Karcsi in das jüdische Zwangsarbeiter-Bataillon der ungarischen Armee eingezogen. Die jungen jüdischen Männer, die in das „Bataillon" eingezogen wurden, waren in Wahrheit Sklavenarbeiter ohne Uniformen oder Waffen, bewacht von sadistischen, antisemitischen ungarischen Soldaten. Ihre Hauptaufgabe war es, Schützengräben auszuheben und Straßen zu reparieren. Sie wurden schlecht ernährt und schlecht behandelt.

Karcsi, der jüngste Bruder meines Vaters.

Ich weiß nicht, wie ich von Karcsis Tod erfuhr. Wahrscheinlich erzählte uns jemand davon, der die schrecklichen Torturen dieser Zeit überlebt hatte. In der Verwirrung der Schlacht um Stalingrad gelang es Karcsi mit mehreren anderen jungen Männern zu fliehen und die Kampflinie in das von der Sowjetunion gehaltene Gebiet zu überqueren. Schnell wurden sie verhaftet und ausgiebig verhört. Nachdem sie den russischen Soldaten, die sie verhaftet hatten, sagten, dass sie jüdisch und Sympathisanten des Kommunismus waren, erwarteten sie, willkommen geheißen zu werden. Stattdessen wurden sie mit den ungarischen und deutschen Kriegsgefangenen in ein Konzentrationslager getrieben. Man behandelte sie so brutal und erbarmungslos, dass Karcsi zutiefst verzweifelte. Nach mehreren Tagen im Lager stürzte er sich in einen elektrischen Zaun und starb.

Die Schwester meines Vaters. Die einzige Schwester meines Vaters, ich glaube, sie hieß Ilona, heiratete Lajsci Korach. Er war Apotheker in Hust, einer Kleinstadt in Ruthenien, die zu dieser Zeit in der Tschechoslowakei lag, dann Teil von Ungarn wurde und heute in der Ukraine liegt. Sie hatten drei Söhne, Otto, Gyuri und Laci.

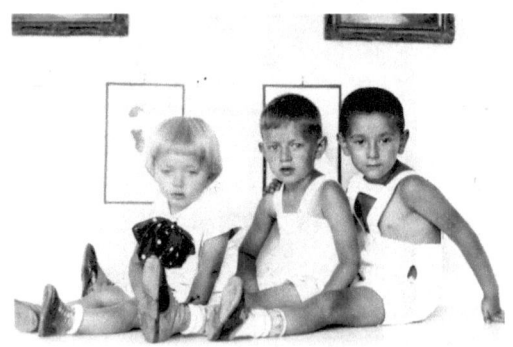

Meine drei Cousins aus Hust, von links nach rechts: Otto (der älteste), Gyuri und Laci.

4

FRÜHE ERINNERUNGEN

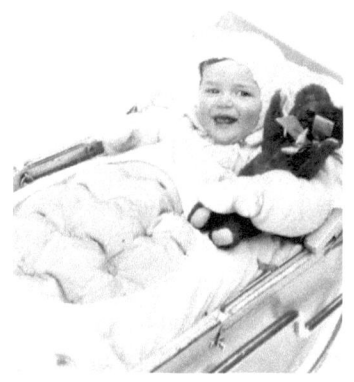

Ich mit 15 Monaten.

Ich wurde am 1. November 1935 in Moldava nad Bodvou ("Moldava am Fluss Bodva"), was damals Teil der Tschechoslowakei war, geboren. Zur Zeit meiner Geburt lebten ungefähr 2.000 Menschen in Moldava von denen etwa 500 jüdischer Herkunft waren. Die Stadt liegt etwas 30 Kilometer von Košice, der zweitgrößten Stadt der Slowakei, entfernt.

Als meine Mutter schwanger war, las sie über einen Vorfall in einem Krankenhaus in den USA, bei dem man die Namen zweier Babys vertauscht hatte und diese daraufhin von den falschen Eltern mit nach Hause genommen worden waren. Auf der Stelle entschied meine Mutter, dass sie ihr zukünftiges Kind nicht einem solchen Risiko aussetzen würde. Obwohl die meisten ihrer Freunde sich für Krankenhausgeburten entschieden, brachte sie mich zu Hause zur Welt, unter der Assistenz einer Hebamme und mit dem Hausarzt auf Abruf.

Meine Erinnerungen beginnen im Jahr 1938, als ich ungefähr zweieinhalb Jahre alt war. Wenige dieser frühen Erinnerungen sind bestimmten zeitlich nachvollziehbaren Ereignissen zuzuordnen, sondern die meisten schweben zeitlos im Raum.

Kurz nach dem Ereignis mit der Erbse in meiner Nase erkrankte ich an Scharlach. Vor der Verwendung von Antibiotika war diese Streptokokkeninfektion eine schwere, oft tödliche Krankheit. Man behielt mich für zwei Wochen in einem abgedunkelten Zimmer, weil man glaubte, die Krankheit mache die Augen besonders lichtempfindlich und könne das Sehvermögen schädigen. Diese Praxis mag eine gewisse Berechtigung gehabt haben, aber ich bin mir sicher, dass meine Ernährung weitaus weniger evidenzbasiert war. Zwei Wochen lang aß ich nur Kümmelsuppe, eine ungarisch-jüdische heilende Spezialität, die hauptsächlich aus Kümmel und Kartoffeln besteht. Von der Suppe musste ich würgen, aber ich wusste, ich musste sie herunterkriegen, wenn ich wieder gesund werden wollte. Beim täglichen Besuch meiner Onkel, Tanten und Nachbarn fragte ich immer zuerst: „Was hast du heute zu Abend gegessen?" Sie waren alle angewiesen, „Kümmelsuppe" zu antworten. Natürlich wusste ich, dass das nicht der Fall war, und wir lachten über den Witz. Ich erinnere mich an diese Momente als die einzigen heiteren meiner zwei endlosen Wochen im Bett.

Das Fotoalbum enthält mehrere Fotos von unseren gelegentlichen Besuchen in Humenne, wo meine Großmutter und meine Tante Manci mit ihrem Mann Karči lebten. Ich bin mir sehr sicher, dass diese Bilder von Karči geschossen wurden.

Zu Besuch bei meiner Großmutter in Humenne.

Als ich zwei Jahre alte war, begann meine Mutter im Großhandelsgeschäft meines Großvaters zu arbeiten. Zu diesem Zeitpunkt war mein Vater dort bereits als Außendienstmitarbeiter zuständig. Meine Mutter stellte ein Kindermädchen ein, das sich um mich kümmern sollte, während sie im Laden arbeitete. Das Kindermädchen war eine große, dünne Frau und wir kamen nicht gut miteinander zurecht. Ich wollte nicht, dass sie sich um mich kümmerte; ich wollte meine Mutter zurück. Sie schien mich immer aus irgendwelchen Gründen anzuschreien. Einmal zwang sie mich beim Toilettentraining auf einen weißen Porzellan-Nachttopf.

Ich drückte etwas heraus und warf dann einen Haufen Dominosteine auf den Stuhlgang im Töpfchen. Ich vermute, dass ich so etwas schon einmal gemacht hatte, denn ich wusste, dass es sie wütend machte. Sie musste die Dominosteine herausholen und säubern. Diesmal nahm sie die Dominosteine heraus, wusch sie, hob mich hoch und setzte mich in den Kinderwagen. Das Kindermädchen fuhr mich zum Laden, setzte mich vor meiner Mutter ab und kündigte. Daraufhin hörte meine Mutter auf, im Laden zu arbeiten und blieb mit mir zu Hause.

Meine Tante Manci, die mich badet.

Eine andere Erinnerung: Es ist Samstagnachmittag, ich bin allein im Hinterhof, während meine Eltern im Schlafzimmer einen Mittagsschlaf halten. Mir ist langweilig und ich möchte Aufmerksamkeit. Ich weiß, dass ich nicht einfach ins Schlafzimmer gehen kann, um sie zu fragen, mir Gesellschaft zu leisten. Sie werden mir sagen, dass ich gehen soll. Also schmiedete ich einen Plan; ich nahm die Schubkarre, öffnete das Zauntor und ging hinaus auf den Bürgersteig. Ich lief zum kleinen Lebensmittelladen, einen Block entfernt, indem meine Eltern Obst und Gemüse kauften. Der Verkäufer kannte mich und grüßte mich freundlich. Ich sah in einer großen Holzkiste einen Stapel Melonen und sagte dem Verkäufer, meine Mutter habe mich geschickt, um eine Melone zu holen. Er suchte eine Melone für mich aus und legte sie in meine Schubkarre, die ich in das Schlafzimmer meiner Eltern schob. Als sie sich im Bett aufsetzten, erzählte ich ihnen, ich brächte ihnen eine Melone als Geschenk. Natürlich hatte dies die gewünschte Wirkung. Sie freuten sich, wie schlau und süß ich war. Ich habe die Nacherzählung dieser Geschichte viele Male gehört.

Im Sommer 1938 kamen meine drei Cousins, Otto, Gyuri und Laci Korach, die Söhne der Schwester meines Vaters aus Hust, einer kleinen Stadt in der Ukraine, die damals Teil der Tschechoslowakei war, zu Besuch. Otto ist um die acht Jahre alt, Gyuri ist sieben und Laci ungefähr sechs. Meine Cousins und ich sind im Garten meiner Großeltern, während die Erwachsenen drinnen sitzen. Der große schwarze Hund meiner Großeltern, Bobi, folgt uns beim Herumrennen im Garten. Irgendwann beschließen meine Cousins, mit dem Hund zu spielen, aber das Spiel wird schnell zur Quälerei, sie ziehen ihm an den Ohren und am Schwanz. Der Hund jault, aber leistet keinen Widerstand. Ich wurde sehr wütend darüber, schrie sie an und weinte, aber sie würden nicht aufhören. Nach so vielen Jahren kann ich mich immer noch in die Frustration und die Wut hineinversetzen. Ich beschloss zu gehen, öffnete das Zauntor und lief hinaus auf die Straße. Ich lief, wie es schien, eine lange Zeit, bis mich ein Polizist hochhob und zurück zum Haus meiner Großeltern brachte. Ich wurde getadelt und musste versprechen, dass ich nie wieder allein auf die Straße laufen würde. Dies war nicht das einzige Mal, das mich meine drei Cousins in Schwierigkeiten brachten.

In jenem Sommer 1938 nahm mein Vater mich im Zug mit in das etwa eine halbe Stunde entfernte Košice, wo wir eine regionale Kirmes besuchten. Der drohende Krieg mit Deutschland war nun ein gängiges Gesprächsthema. Ich erinnere mich deutlich daran, an der Hand meines Vaters zu laufen. Als wir durch das Tor auf das Kirmesgelände liefen, schaute ich nach links und sah auf einer erhöhten Plattform etwas Schreckliches: eine Gestalt mit einer schwarzen Maske und einem Schlauch, der zu einem Zylinder im Gürtel führte. Ich schrie. Mein Vater nahm mich auf den Arm, beruhigte mich und sagte mir, dass dies ein bewaffneter Soldat mit Gasmaske sei, der uns zeigen sollte, dass unser Land sicher vor den Feinden sein würde.

Unser erster Halt auf der Kirmes war eine elektrische Autoscooter-Fahrt. Das war großartig. Kleine Autos, die im Kreis fahren und ineinander krachen. Mein Vater kaufte uns ein Ticket. Noch heute kann ich mich an das Gefühl erinnern, auf seinem Schoß zu sitzen und unkontrolliert zu lenken, während er die Geschwindigkeit kontrolliert. Wir krachen in andere Autos und andere Autos krachen in uns und wir lachen und lachen.

Der Tod meines Vaters

Gegen Ende des Sommers 1938 erkrankte mein Vater an einer akuten Halsentzündung und einem hohen Fieber. Ich weiß noch, wie er im Bett lag, stets mit einem Krug

Limonade auf dem Nachttisch. Der Arzt kam jeden Tag, aber der Zustand meines Vaters verbesserte sich nicht. Eines Tages kam eine große Gruppe von Leuten in unser Haus – Familie, Freunde und einige, die ich noch nie gesehen hatte. Sie liefen umher und flüsterten miteinander. Es war deutlich, dass es ein Problem gab. Niemand nahm Notiz von mir. Ich erinnere mich auch daran, dass ich sehr wütend war, wahrscheinlich, weil alle so beunruhigt waren. Ich weinte und jemand gab mir ein Glas Limonade vom Krug auf dem Nachttisch. Die Familie versammelte sich um das Bett meines Vaters: meine Mutter und Großmutter und die beiden Brüder meines Vaters, Karcsi und Zoli. Mir war es nicht erlaubt, nahe an das Bett zu treten, aber ich durfte im Schlafzimmer bleiben. Dann kam ein Krankenwagen aus Košice und zwei Männer kamen mit einer Trage herein. Meine Großmutter nahm mich an die Hand und führte mich aus dem Zimmer. Mein Vater wurde mit der Trage in den Krankenwagen gebracht und meine Mutter stieg mit ein. Sie fuhren weg und ich blieb allein bei meinen Großeltern. Nach fünf Tagen kehrte meine Mutter zurück.

Ich bin draußen auf der Straße und laufe auf dem Bürgersteig. In einer kleinen Stadt wie Moldava konnten Kinder – sogar in meinem Alter – frei draußen herumlaufen. Nur sehr wenige Autos fuhren auf den Straßen und die Leute waren vorsichtig und achtsam auf kleine Kinder. Ich sehe meine Mutter auf mich zulaufen und ich laufe ihr entgegen. Mir ist der Grünstreifen neben der asphaltierten Straße bewusst. Beim Laufen bemerke ich, dass ich mir in die Hose mache. Meine Mutter drückt und umarmt mich. Niemand erzählte mir, dass mein Vater Imre gestorben war. Ich nehme an, sie dachten, wenn sie es nicht erwähnten, würde es mir vielleicht nicht auffallen.

Tatsächlich denke ich, dass ich wusste, dass er gestorben war, als meine Mutter zurückkehrte. Wahrscheinlich spürte ich es und hörte meine Großeltern und Onkel über seinen Tod sprechen. Aber für eine lange Zeit erwähnte niemand meinen Vater in meiner Gegenwart.

Heute weiß ich, dass er an einer Streptokokkeninfektion starb, die in seinem Hals begonnen hatte und dann sein Herz angriff. Das war damals durchaus normal. Während eine solche Infektion heutzutage vollständig mit Antibiotika behandelt wird, nahm sie damals oft einen tödlichen Verlauf.

In den frühen 2000ern reisten meine Tochter Deborah und ihr Mann Matt in die Slowakei, wo sie auf einem jüdischen Friedhof in Košice das Grab meines Vaters fanden. Mit Gras und einzelnen Blättern Papier fertigten sie eine nicht ganz perfekte Abreibung seines Grabsteins an, der seinen hebräischen und ungarischen Namen sowie sein Geburts- und Sterbejahr zeigt.

Eine Abreibung des Grabsteins meines Vaters.

5

HUMENNE

Im Spätherbst 1938 wurde die Tschechoslowakei durch eine von Nazi-Deutschland erzielte Vereinbarung in einen tschechischen von Deutschland regierten Teil und einen slowakischen Teil aufgeteilt, der unter die faschistische Slowakei fiel. Ungarn übernahm den südlichen Teil der Slowakei, einschließlich Košice und Moldava. Humenne, der Geburtsort meiner Mutter, indem noch viele ihrer Freunde sowie ihre Schwester Manci und ihr Mann Karči lebten, blieb Teil der Slowakei.

Nun hielt meine Mutter nicht mehr viel in Moldava und sie beschloss, nach Humenne zurückzukehren. Manci und Karči führten dort eine florierende Zahnarztpraxis und hatten Platz für uns beide. Natürlich mussten wir einen neuen Pass beantragen, weil Humenne nun in einem anderen Land lag. Das Bild, das für unseren gemeinsamen Pass geschossen wurde, ist im Folgenden zu sehen.

Passfoto, 1939.

Im Jahr 1939 kehrten wir nach Humenne zurück. Auf dem Weg machten wir über Nacht in Košice Halt, wo mein Onkel Ernő und meine Tante Erzsi mit ihren Familien lebten. Wir übernachteten bei Ernő, dessen Haus größer war als Erzsis und zusätzliche Schlafzimmer hatte. Ich erinnere mich, dass ich nach dem Tod meines Vaters ängstlich wurde und nicht mehr allein schlafen gehen konnte. Meine Mutter musste mit mir ins Schlafzimmer kommen und ich würde ihren Ellbogen halten und einschlafen. An diesem Abend in Košice saßen wir im Wohnzimmer als meine Mutter entschied, es sei Schlafenszeit. Ich rutschte von meinem Stuhl und meine Mutter kam mit mir. Mein Onkel sagte zu ihr: „Du solltest ihn allein zu Bett gehen lassen, sonst wirst du ihn verderben." Den kindlichen Ängsten nicht nachzugeben war damals eine Weisheit der Kindererziehung. Meine Mutter verließ das Zimmer und sagte, ohne sich dabei umzudrehen: „Sei nicht dumm."

Wir kamen mit dem Zug in Humenne an und mein Onkel Karči und meine Tante Manci erwarteten uns am Gleis, als der Zug einfuhr. Meine Mutter stieg zuerst aus und half mir dann aus dem Zug. Manci nahm mich auf den Arm, drückte und küsste mich. Von dort an genoss ich ihre liebevolle Gegenwart in meinem Leben.

Der Charakter meiner Erinnerungen, damit meine ich an was und wie ich mich erinnere, bleibt mir ein Geheimnis. Wie kommt es, dass ich klare Erinnerungen an die Zeit in Moldava habe, als ich zwei und drei Jahre alt war, mich aber an nichts in den ersten beiden Jahren in Humenne erinnern kann, als ich zwischen drei und fünf Jahren alt war? War es womöglich der Tod meines Vaters oder vielleicht die Dislokation von meinem Zuhause in Moldava, die den Teil von mir, der für Erinnerungen zuständig ist und sie zugänglich macht, ausschaltete? Nur ein Ereignis aus dieser Zeit hinterließ eine klare Spur. Kurz nach unserer Ankunft in Humenne besuchten meine Mutter und ich eine Freundin von ihr. Die zwei sitzen an einem Metalltisch im Garten und trinken ein Getränk aus Gläsern. Ich stehe neben meiner Mutter. Auf dem Tisch steht eine Obstschale und meine Mutter gibt mir einen Apfel. Eine Gruppe von vier Jungs, die vielleicht fünf oder sechs Jahre älter sind als ich, kommt in den Garten. Sie sind grob und spielen eine Art Spiel. Meine Mutter scheint sie zu kennen und grüßt sie. Einer von ihnen kommt herüber und fragt, ob ich mitspielen möchte. Ich freue mich darüber und meine Mutter ermuntert mich. Ich laufe mit der nun fünfköpfigen Gruppe durch einige Büsche in den anliegenden Garten. Die Jungs erzählen mir, dass mir für das Spiel die Augen verbunden werden und ich einen Stock bekomme. Sie werden rufen und ich muss versuchen, ihren Stimmen durch den Garten zu folgen. Wenn ich es schaffe, einen von ihnen zu schlagen, gewinne ich und diese Person muss dann meine Rolle einnehmen. Man verbindet mir die Augen und hält mir den Stock entgegen. Ich greife das Ende, das mir entgegengestreckt wird, und merke schnell, dass es mit einer klebrigen stinkenden Substanz überzogen ist. Ich nehme die Augenbinde ab und sehe, dass am Stock Exkremente kleben. Ich fühle mich betrogen und bin wütend. Ich versuche, sie zu fangen, aber sie rennen schneller als ich und verschwinden. Ich weine unkontrolliert, während meine Mutter mich wäscht, und wir gehen nach Hause. Auf der Suche nach weiteren Erinnerungen versuche ich mich visuell in die Zeitspanne von 1939 und 1940 zurückzuversetzen, aber außer diesem unangenehmen Ereignis, das mich zutiefst wütend machte, kann ich nichts finden.

Ich weiß, dass mir irgendwann in dieser Zeitspanne mein Onkel Karči ein funktionierendes Spielzeugauto baute. Wenn ich mir das Foto dieses Autos anschaue, sehe ich, dass es eine bemerkenswerte Konstruktion war. Er benutze die Reifen meines Kinderwagens als Autoreifen und bog Blech für den Korpus des Autos. Das Auto hatte ein funktionierendes Lenkrad, Pedale für die Fortbewegung und er strich es rot an. Obwohl es offensichtlich ein schönes Kinderauto war, kann ich mich nicht erinnern, ob ich mich darüber freute. Wahrscheinlich schon, wie konnte ich mich darüber nicht freuen?

Bald nach unserer Ankunft in Humenne nahm meine Mutter zu ihrem früheren Bekannten Ignac Mandel wieder Kontakt auf. Ich weiß nicht, wer diesen Kontakt initiierte, aber ich erinnere mich gut daran, dass ich ihn vom ersten Treffen an mochte. Er war 37 Jahre alt und Junggeselle. Kurz nachdem wir uns das erste Mal trafen, nahm er mich in das große Sägewerk mit, das er besaß, in dem Bäume zu Eisenbahnschwellen verarbeitet wurden. Er erklärte mir, dass er einen Wald gekauft hatte und dass seine Leute die Bäume fällten, die für Eisenbahnschwellen geeignet waren und sie zur Verarbeitung zum Sägewerk transportierten. Ich war fasziniert von den großen Maschinen, die ein solches Getöse veranstalteten. Im Herbst 1940 heiratete meine Mutter ihn und ich bekam einen neuen Vater, der mir wirklich zum Vater wurde. Ich hing sehr an ihm und weiß noch, dass ich meine Mutter fragte, ob ich aussehen könnte wie Ignac. Sie sah mich an und sagte: „Nein, du kannst nicht wie Ignac aussehen, aber du kannst so sein wie er."

Ignac Mandel.

Ignac und meine Mutter am Strand.

Ignac hatte eine große Familie, die auch meine Familie wurde. Seine Eltern lebten noch und behandelt mich sofort wie einen Enkelsohn. Seine zwei Brüder und seine Schwester, die auch in Humenne lebten, wurden mir zu neuen Onkeln und neuer Tante und ihre Kinder zu Cousinen und Cousins. Ich erinnere mich, dass ich viel Zeit mit meinem Vater Ignac verbrachte. Manchmal nahm er mich auf seine Ausflüge mit, um sich den Wald anzuschauen, den er kaufen wollte. Meistens gingen wir samstags gemeinsam ins Dampfbad, das von der jüdischen Gemeinde neben der jüdischen Schule gebaut worden war. Eines Nachmittags kam er wortlos heim und gab mir einen Schuhkarton. Ich setzte mich auf den Boden, nahm den Deckel ab und sah einen kleinen Welpen. „Das ist dein Hund", sagte er zu mir. Ich nannte den Hund Pityu (Pete) und liebte ihn.

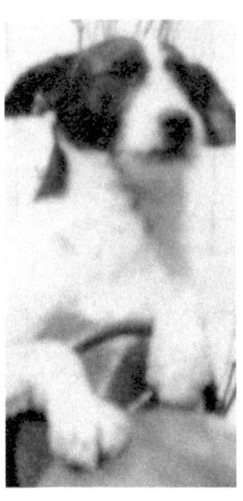

Pityu

Viele meiner Erinnerungen aus dieser Zeit drehen sich um meinen Großvater Mandel, Ignacs Vater. Er war Landwirt, einer der wenigen jüdischen Landwirte in der Gegend. Großvater Mandel hatte einen kleinen Bauernhof am Rand von Humenne, eine kurze Strecke mit dem Fahrrad vom Zentrum der Stadt entfernt, wo wir lebten. Auf seinen Feldern baute er Weizen und Mais an. Er hatte eine kleine Kuhherde, vielleicht mit zehn Tieren, einige Hühner, Enten und ein paar Hasen in Käfigen und war ein angesehenes Mitglied der regionalen Bauernschaft.

Großvater Mandel fehlte ein Auge, an dessen Stelle sich nur eine leere Augenhöhle befand. Er hatte ein Glasauge, das er uns zeigt, aber nie benutzte. Später erzählte mir mein Vater, dass Großvater Mandel in seiner Jugend ein Meister im Umgang mit der Peitsche gewesen war. Bei solchen Wettbewerben lässt man die lange Peitsche knallen und versucht, ein entferntes Ziel zu treffen. Die

Spitze der Peitsche wird vor und zurück geschwungen und nähert sich so der Zielscheibe. Bei einem solchen Wettbewerb traf eine zurückschwingende Peitsche sein Auge und verletzte es so sehr, dass es herausgenommen werden musste.

Meine Cousinen, Cousins und ich, insgesamt sieben Jungen und Mädchen, verbrachten viel Zeit damit, auf dem Bauernhof meines Großvaters zu spielen. Viele Dinge erregten dort unsere Aufmerksamkeit. Neben dem Kuhstall war ein großer Haufen Heu. Wir kletterten die Leiter an der Seite des Stalls hinauf und sprangen vom Dach in den Heuhaufen. Dabei gab es immer viel Geschrei und Gelächter. Unser Großvater gab uns auch Aufgaben, wie die Kühe, Hühner und Enten zu füttern und die Hasen zu streicheln. Die kleinen Aufgaben wurden in Spiele umgewandelt. An einem Nachmittag spannte Großvater die zwei Pferde vor den Wagen und wir alle kletterten hinauf und ritten im Wagen umher und hielten abwechselnd die Zügel. Es war offensichtlich, dass er es uns liebte und unsere Gesellschaft sehr genoss.

An einem Nachmittag kam der landwirtschaftliche Mitarbeiter meines Großvaters nicht zur Arbeit und er fragte mich, die Kühe zur entfernten Weide zu treiben. Dorthin zu gelangen war einfach, denn die Kühe wussten den Weg. Ich hatte einen kleinen Stock und musste nur manchmal eine zurückbleibende Kuh antreiben. Wir liefen den dreckigen Pfad entlang, bis wir zur Weide gelangten, wo die Kühe anfingen zu grasen. Großvater hatte mir eine alte Taschenuhr mitgegeben und mich angewiesen, die Kühe nach einer Stunde auf der Weide wieder zurückzubringen. Als es so weit war, begann ich die Kühe heimwärts zu treiben, anfangs lief alles gut. Wir begannen den Rückweg auf demselben Pfad, der uns zur

Weide gebracht hatte. Dann kamen wir zu einer Abzweigung, bei der ich den Weg nicht mehr wusste und die Kühe liefen ihren eigenen Nasen nach. Die Hälfte der Kühe bog rechts, die andere Hälfte links ab. Ich geriet in Panik und hatte nicht den blassesten Schimmer, was nun zu tun war. Ich trieb die Kühe nicht mehr, sondern folgte der einen Hälfte in der Hoffnung, mich für den richtigen Pfad entschieden zu haben. Der Stall kam in Sichtweite und meine Hälfte der Kühe lief schnurstracks darauf zu. Dort im Stall wartete die andere Hälfte der Kühe bereits. Großvater kam aus dem Haus und sagte: „Gut gemacht."

Damals gab es unter Bauern den Brauch *Zabíjačka*. Dies bedeutet wortwörtlich „Tötung", hat aber eine festlichere Konnotation. Vor dem Wintereinbruch in der Regel im Spätherbst wurde eines der Schweine geschlachtet und die verschiedenen Teile des Tiers wurden für den Verzehr über den Winter hinweg zubereitet. Einige Teile des Fleisches wurden geräuchert, andere zu Würstchen verarbeitet und in einem Fass mit Schmalz vom selben Schwein übergossen, um das Fleisch haltbar zu machen. Ein Teil des Fleisches wurde für ein festliches Essen im Rahmen einer Feier, zu der die Nachbarschaft eingeladen wurde, aufgehoben. Meine Großeltern lebten strikt koscher und aßen natürlich kein Schwein. Trotzdem waren sie oft zu einem *Zabíjačka* Fest eingeladen. Mein Großvater Mandel nahm mich einmal mit zu einem solchen Fest, an das ich mich noch sehr gut erinnern kann. Ein kleines Zigeunerorchester spielte Musik und die Männer und Frauen sangen und tanzten. Großvater tanzte und aß nicht, aber er unterhielt sich mit den Nachbarn und trank Wodka. Ab und an hob einer der Männer einen von uns Jungen auf seine Schulter und tanzte und sprang wirbelnd umher.

Beim Fahrradfahren in Humenne.

In meinem Auto mit Pityu.

Diese Zeit in den Jahren 1940 und 1941 waren wahrlich glückliche Tage meines Lebens. Ich hatte alles, was sich ein Kind wünschen konnte: eine liebende Familie, ein Fahrrad, ein Auto, einen Hund, eine Gruppe von Freunden zum Spielen und faszinierende Aktivitäten. Im September 1941 ging ich in die erste Klasse der öffentlichen Schule in Humenne und nachmittags besuchte ich die Hebräisch-Schule. Ich ging zur Schule mit einer kleinen Tasche über der Schulter, in der mein neues Notizbuch war. Ich mochte es sehr, so wie die älteren Kinder, zur Schule zu gehen.

Von Zeit zu Zeit wurde unsere Stadt im Sommer von einer Polio Epidemie heimgesucht. Bei den ersten Anzeichen von Kinderlähmung nahmen die meisten Mütter in unserem Freundeskreis ihre Kinder und fuhren mit dem Zug in einen abgelegenen Kurort in den Bergen. Dort würden wir einige Wochen verbringen, bis die Epidemie abgeklungen war. Diese Aufenthalte waren endlose Tage der Langeweile. Unsere Mütter spielten den ganzen Tag lang Karten und wir Kinder irrten umher auf der Suche nach einer Beschäftigung. Einmal fanden wir einen Vogel am Boden, der sich kaum bewegte. Irgendwoher besorgten wir einen Schuhkarton und legten den Vogel auf ein paar Blätter in den Karton. Wir gruben Würmer aus und legten sie neben den Vogel, weil wir dachten, dies würde den Vogel wieder zum Leben erwecken, aber am nächsten Tag war der Vogel tot. Wir schaufelten ihm ein Grab und beerdigten ihn. Das war der Höhepunkt des diesjährigen Kurortaufenthalts.

Die ernsten Folgen der Kinderlähmung erklärte mir niemand und sie wurden mir erst bewusst, als ich sie selbst erlebte. Unser Nachbar, der ein paar Häuser weiter lebte, war Arzt (ich erinnere mich nicht mehr an seinen Namen) und ich war mit seinem Sohn befreundet, der ungefähr in meinem Alter war. Der Arzt experimentierte mit einer selbstentwickelten Impfung für die Kinderlähmung. Wir wussten alle von seiner Forschung, hielten aber nicht viel davon. Der Arzt hatte jedoch großes Vertrauen in seine Arbeit und injizierte seinem Sohn die Impfung. Als im Sommer 1942 dann wieder eine Welle der Kinderlähmung wütete, reisten wir in den Kurort in der Nähe von Bardejov, während der Arzt seinen

Sohn in Humenne behielt. Als die Epidemie vorüber war und wir nach Hause zurückgekehrt waren, erfuhren wir, dass der Sohn des Arztes an Polio erkrankt und fast ganz gelähmt war. Ich erinnere mich an einen Besuch bei ihm. Er lag bewegungslos im Bett und konnte sprechen. Also unterhielten wir uns ein wenig, aber ich fand die Situation sehr unangenehm und wusste nicht, wie ich auf sein Dilemma reagieren sollte.

Ich erinnere mich nicht an meine Mutter als an eine abergläubische Person, trotzdem ist ein Ereignis erwähnenswert. An einem Nachmittag kam ein Mann, den meine Mutter kannte, zu Besuch. Er war ein großer Mann mit einem dicken Gesicht und Bauch. Ich erinnere mich zwar nicht an die Jahreszeit, aber es muss kalt gewesen sein, denn er trug einen großen Mantel, den er auszog. Wir saßen gemeinsam im Wohnzimmer, der Gast auf der einen Seite des Sofas und mein Onkel Karči und meine Tante Manci auf der anderen mit ein wenig Platz zwischen ihnen. Meine Mutter und ich saßen auf Stühlen gegenüber von ihnen und zwischen uns der Couchtisch, auf dem ein Keksteller und ein Krug, ich glaube mit Limonade stand. Mein Vater war nicht da. Das Gespräch war langweilig und ich hörte nicht zu. Nach einiger Zeit stand meine Mutter plötzlich auf und nahm mich bei der Hand mit ins Badezimmer. Sie zog meine Hose herunter und bat mich, in ihre Hände zu urinieren. In ihrer Stimme lag eine Dringlichkeit und so tat ich, wonach sie mich bat. Sie wusch mein Gesicht schnell mit meinem Urin, das teilweise auf den Boden tropfte und sagte mir, dass es mich vor dem Übel, das mir der Gast wünschte, beschützen würde. Sie wischte den Boden und wir kehrten schnell ins Wohnzimmer zurück. Sie sprach nie wieder über diesen Vorfall und wusch mich auch nie wieder auf diese Weise. Viele Jahre später im Erwachsenenalter erfuhr ich, dass das Waschen eines Kindergesichts mit Urin eine alte jüdische Methode aus Osteuropa ist, die den bösen Blick von Kindern fernhalten soll.

Meine idyllische Welt begann im Spätherbst 1941 zusammenzubrechen, als mein Großvater Mandel plötzlich an einem Herzinfarkt starb. An seinem Todestag wurde seine Leiche mit einem weißen Laken bedeckt und auf den Tisch im Wohnzimmer des Hauses gelegt. Wir Kinder durften frei umherstreifen. Ich erinnere mich daran, dass wir uns um die Leiche versammelten und die Jungs das Laken von Großvaters rechtem Fuß zogen. Abwechselnd zwickten sie seinen großen Zeh, um zu sehen, ob er sich bewegen würde, bis ein Erwachsener kam und uns wegscheuchte.

Die slowakisch faschistische Partei übernahm 1939 die Macht im Land und begann im September 1941 mit dem Erlass einer Reihe antisemitischer Gesetze, der sogenannten Judengesetzgebung, die eng an die deutsche antijüdische Gesetzgebung angelehnt war. Juden mussten gelbe Armbänder tragen, durften keine öffentlichen Ämter bekleiden und nur unter bestimmten Umständen als Lehrer oder Fachangestellte arbeiten. Ehen zwischen Juden und Nichtjuden waren streng verboten. Durch den Prozess der sogenannten Arisierung wurden 1940 51 % der Firmen aus jüdischem Besitz gewaltsam auf nichtjüdische Besitzer übertragen. Bald darauf wurden alle jüdischen Geschäfte beschlagnahmt. Nach fast hundert Jahren des Dienstes an der jüdischen Gemeinde musste meine jüdische Schule schließen. Am Tag der Schließung versammelten sich Lehrer, Schülerinnen und Schüler und Eltern vor dem Schulgebäude. Mein Vater hielt meine

Hand. Manche Leute hielten Reden und eine Gruppe sang ein trauriges slowakisches Lied, das für den Schulabschluss gesungen wird. Ich erinnere mich immer noch an die ersten Worte des Liedes, „Auf Wiedersehen, Schule, wir gehen nun fort". Viele Menschen weinten und so auch mein Vater.[1]

Anfangs hielt die Judengesetzgebung fest, dass alle Juden, die noch vor 1939 zum Christentum konvertiert waren, von den Gesetzten ausgenommen seien. Ein griechisch-orthodoxer Priester in Humenne erklärte sich bereit, Dokumente für die jüdische Bevölkerung zu fälschen und eintragen zu lassen, die Konvertierung habe vor 1939 stattgefunden. Für Erwachsene tat er dies ohne jegliche Konvertierungszeremonie, doch bei Kindern, die diese Dokumente erhalten sollten, bestand er darauf, dass sie den regulären kirchlich anerkannten Konvertierungsprozess durchliefen.

Mein Vater und meine Mutter nahmen mich zur Kirche mit. Ich erinnere mich, wie ich in der leeren Kirche am Altar kniete, mit meinem Kopf über einer silbernen Schale, während der Priester Gebete sprach und mir Weihwasser über den Kopf goss. Er brachte mir bei, mich auf die griechisch-orthodoxe Weise zu bekreuzigen, die sich von der römisch-katholischen Weise unterscheidet. Wenn ich mich recht erinnere, hatte ich in der Nacht meiner Konvertierung oder kurz danach einen Albtraum, der mich auch nach fast achtzig Jahren noch verfolgt. Ich befinde mich auf einer großen Wiese und um mich herum sind Juden, die die traditionell schwarze orthodoxe Kleidung tragen. Vor mir am Ende der Wiese ist ein riesiger Berg. Plötzlich rennt einer der schwarz gekleideten Juden auf mich zu. Zu meinem Schrecken stelle ich fest, dass dem Berg Hände wachsen, die eine riesige Axt halten. Die Axt wird erhoben, prasselt auf mich nieder und teilt mich entzwei. Ich wache entsetzt auf.

Trotzdem wollte ich nicht mehr jüdisch sein, sondern christlich. Es zeichnet sich noch deutlich in meiner Erinnerung ab, als der Anwerber der Hlinka Garde, der slowakischen faschistischen Jugendorganisation, die das faschistische Pendant zu den Pfadfindern war, in unser Klassenzimmer kam, um neue Mitglieder anzuwerben. Er zeigte uns die Uniformen, die wir als Mitglieder bekämen: ein Hemd, eine Mütze und ein Gürtel. Die ganze Klasse meldete sich an und weil ich dazugehören wollte, schrieb ich auch meinen Namen auf die Liste. Wir sollten uns am Nachmittag im Hinterhof des örtlichen Hauptquartiers der Hlinka Garde treffen, um aufgenommen zu werden. Nach der Schule ging ich nach Hause und erzählte meinen Eltern, dass ich der Hlinkajugendgruppe beitreten und am Nachmittag bei der Aufnahme teilnehmen wollte, für die ich mich angemeldet hatte. Obwohl sie sehr zwiegespalten schienen, berieten sie sich und stimmten schließlich zu.

Die Jungs aus meiner Klasse wurden im Hinterhof des Hlinka Garde Hauptquartiers aufgestellt (nur Jungs wurden rekrutiert). Einer nach dem anderen wurden sie alphabetisch von einem erwachsenen Leiter in abschreckenden schwarzen Klamotten aufgerufen. Jeder Junge lief nach vorne und erhielt ein Hemd, eine Mütze und einen Gürtel und wurde dann angewiesen, sich näher am Gebäude für die Aufnahmezeremonie aufzustellen. Bald wurde mir klar, dass sie meinen Namen ausgelassen hatten. Schließlich waren alle Jungen aufgerufen worden und marschierten lachend und johlend in Richtung des Gebäudes. Ich blieb allein auf dem Hof zurück und fühlte mich peinlich berührt und beschämt. Ich kann immer noch den geschotterten Hinterhof unter meinen Füßen spüren, über den ich lief, um durch das Tor zurück auf die Straße zu laufen.

Als ich nach Hause kam, fragten meine Eltern mich nicht, was passiert war und ich erzählte es ihnen nicht. Meine Hoffnung christlich zu werden, blieb jedoch bestehen. Immer wenn ich an einer Kirche vorbeilief, bekreuzigte ich mich. Wenn wir Ausflüge im Auto meines Onkels machten und an den weitverbreiteten Kreuzen am Straßenrand vorbeifuhren, die den gekreuzigten Jesus zeigten, bekreuzigte ich mich und murmelte das kurze angebrachte Gebet. Ich tat dies aber heimlich, weil ich mich dafür schämte. Ich duckte mich im Auto, weil ich meinte, so würde es niemand bemerken.

Weihnachten stand vor der Tür und weil ich mir einen Weihnachtsbaum wünschte, kauften meine Eltern eine Woche vor dem Weihnachtsfest einen kleinen Tannenbaum und dekorierten ihn mit Lichtern und Baumschmuck. Am nächsten Tag in der Schule fragten der Priester, der mich konvertiert hatte, und ein Lehrer, ob wir einen Weihnachtsbaum zu Hause hätten. Ich erklärte stolz, dass wir einen Baum hatten. Er sah mich an und entgegnete, dass er mir nicht glaubte.

Bald zeichnete sich ab, dass es für mich nicht möglich sein würde, christlich zu werden. Tatsächlich wurde die Ausnahme für Konvertierte wenige Monate nachdem sie verkündet worden war wieder aufgehoben. Für Juden gab es nun keine Ausnahmen mehr, egal ob sie konvertiert waren oder nicht.

Im März 1943 begann die Deportation der slowakischen Juden in Konzentrationslager, die sich in von Deutschland besetzten Gebieten befanden. Ein wöchentliches Soll wurde für die Anzahl der zu deportierenden Juden festgelegt. Zufolge einiger Quellen soll die faschistische slowakische Regierung sogar die Ermordung der jüdischen Bevölkerung nach außen verlagert haben, indem sie Nazi-Deutschland für jeden Juden bezahlte, der aus der Slowakei unter dem Vorwand der Umsiedlung in ein Konzentrationslager gebracht wurde. Die Höhe der Zahlungen, die in mehreren verfügbaren Quellen genannt wird, soll in der Größenordnung mehrerer Tausend D-Mark gelegen haben. Im Gegenzug für die Zahlungen garantierten die Deutschen, dass die Deportation der Juden dauerhaft sein würde. Die slowakische Regierung konnte einiges an Deportationskosten durch die Inbesitznahme geräumter jüdischer Grundstücke wieder zurückgewinnen. Ungefähr 15 % der slowakischen Juden, die für die Wirtschaft als unentbehrlich galten, erhielten offizielle Ausnahmegenehmigungen, die sie vor der Deportation bewahrten. Dem Unternehmen meines Vaters einschließlich uns, seiner kleinen Familie, wurde eine solche Ausnahmegenehmigung erteilt. Obwohl er nicht mehr Eigentümer des Unternehmens war, wurde sein Fachwissen für den Betrieb des Sägewerks benötigt.

Ein trauriges Ereignis aus der ersten Runde der Deportationen blieb mir in Erinnerung. Unser Nachbar, der Arzt, der mit der Polio-Impfung herumexperimentiert hatte, erhielt keine Ausnahmegenehmigung, die ihn vor der Deportation bewahrte. Ich vermute, dass man ihm keine erteilte, weil man seinen gelähmten Sohn nicht in ein abgelegenes Dorf umsiedeln konnte, in dem man medizinisches Fachpersonal benötigte. Als jemand zu unserem Haus rannte und berichtete, dass der Arzt und seine Familie deportiert wurden, machte ich mich sofort auf den Weg dorthin, um zu sehen, was geschah. Vor dem Haus stand ein Pritschenwagen geparkt, auf dem bereits einige Familien und deren Gepäck geladen waren. Die Koffer des Arztes wurden den Männern auf dem Wagen gereicht. Dann sah ich, wie der Arzt den schlaffen Körper seines Sohnes trug und zum Wagen lief. Die Hände und Füße des Jungen baumelten regungslos an seinen Seiten. Er hob ihn hoch und legte ihn auf die Ladefläche. Ich lief herüber und sah, dass mein Freund weinte. Ich sagte ihm auf Wiedersehen, aber er antwortete nicht.

Im Laufe des Jahres 1942 wurden die Deportationen der jüdischen Bevölkerung fortgesetzt und eine Ausnahmegenehmigung garantierte keine Sicherheit mehr. Der lokalen Polizei und der Hlinka Garde wurde regelmäßig angeordnet, eine bestimmte Anzahl an Juden für die Deportation aufzurunden. Als die jüdische Bevölkerung schrumpfte, wurden gelegentlich auch Juden mit Ausnahmegenehmigung vom System erfasst und deportiert. Mein Vater hatte Bekanntschaften im Polizeipräsidium und wir wurden normalerweise rechtzeitig alarmiert, wenn eine solche Deportationsmaßnahme umgesetzt wurde. Dann versteckten wir uns auf dem Dachboden eines nichtjüdischen Freundes, bis der Zug mit den Deportierten abgefahren war. Wenn ich mich recht erinnere, fanden diese Deportationen ungefähr einmal in der Woche statt.

Nach einer solchen Deportation kam ich aus unserem Versteck auf dem Dachboden und schloss mich einer Gruppe jüdischer Jungen an, die durch die Stadt lief und durch die Fenster in die Häuser schaute, aus denen Familien deportiert worden waren. Als wir dort ankamen, waren die Häuser bereits durchstöbert und die meisten Wertgegenstände schon entwendet worden.

Beim Herumstreunen kamen wir zum Haus des rituellen Schlachters, dem Schochet von Humenne. Wir alle kannten ihn, weil wir alle irgendwann mal ein Huhn, eine Ente oder sogar eine Gans für die rituelle Schlachtung nach den jüdischen Speisegesetzen, die auf hebräisch *Kaschrut* genannt werden, zu ihm getragen hatten. Dies war oft eine Aufgabe für die Jungen einer Familie. Der Schochet würde uns einen farbigen Zettel mit einer Nummer darauf geben. Die Vogelart, die wir ihm brachten, entschied über die Farbe des Zettels. Manchmal war es meine Aufgabe, den geschlachteten Vogel in einem bedeckten Korb abzuholen und heimzubringen. Wenn ich das geschlachtete Tier abholte, gab mir der Schochet oft eine Süßigkeit.

Der Schochet war ein kleiner Mann mit einem langen Bart. Er trug immer einen schwarzen Hut und einen langen schwarzen Kaftan. Sein Haus war ebenfalls klein und die Fenster lagen so tief, dass wir hineinsehen konnten, ohne uns zu räkeln. Als wir hineinblickten merkten wir, dass das Haus geplündert worden war. Seine kleinen Hefte mit den bunten Zetteln und seine religiösen Bücher lagen über den ganzen Boden verstreut. Wir begehrten diese kleinen Hefte. Die kleinen Fenster seines Hauses waren offen und wir kletterten ohne Probleme hinein. Wir nahmen jeder ein gebundenes Heft mit Zettelchen mit und verließen schnell das Haus. Ich weiß nicht, was ich mit diesem Heft machte, wahrscheinlich versteckte ich es vor meinen Eltern. Ich habe das Gefühl, dass ich mich schämte, das Heft aus seinem Haus mitgenommen zu haben. Es ist sehr wahrscheinlich, dass ich die einzige Person auf der Welt bin, die sich noch an den Schochet von Humenne erinnert.

Während einer der Deportationen wurden der jüngere Bruder meines Vaters, Miksa, seine Frau und ihr Sohn Josef, der ungefähr in meinem Alter war, deportiert. Mein Vater fand heraus, dass der Transport auf dem Weg nach Lublin war, was damals im von Deutschland besetzten Polen lag. Am selben Abend nahm er den Zug an die slowakisch-polnische Grenze und folgte dem Weg des Transports. Ich weiß nicht im Detail, was dann passierte, aber durch Bestechung erfuhr er, dass sein Bruder bereits weiter in deutsche Gebiete transportiert worden war, während seine Frau und ihr Sohn noch an der slowakischen Grenze in einem Übergangslager auf die Deportation nach Auschwitz warteten. Es gelang ihm, einige der Wachmänner zu bestechen und so Miksas Frau und ihren Sohn aus dem Übergangslager zurück nach Humenne zu schmuggeln. Josef kam sehr dreckig und müde bei uns an. Meine Mutter badete ihn und wir aßen alle gemeinsam zu Abend. Aber Miksa war verschwunden. Mein Vater war am Boden zerstört darüber, dass es ihm nicht gelungen war, seinen jüngeren Bruder zu retten. Er weinte und trauerte stundenlang. Im Nachhinein denke ich, dass sein Gefühl des Versagens und der Trauer vielleicht durch ein anderes Ereignis, das weiter zurückliegt, verstärkt wurde. Es ist am wahrscheinlichsten, dass Ignac mir davon erzählte. Miksa stotterte sehr. Sie waren beide jung gewesen. Ignac war ungefähr neun und Miksa sieben Jahre alt und Miksa schlief mit offenem Mund. Um ihm einen Streich zu spielen, streute Ignac Miksa etwas Backpulver in den offenen Mund. Jemand überzeugte Ignac, dass dieser Streich Miksas Stottern ausgelöst hatte. Obwohl Ignac als

Erwachsener wusste, dass dies nicht der Fall war, hallte die Schuld daran in seinem Erwachsenenleben nach.

Im Laufe des Frühjahrs 1942 erreichte uns die Nachricht, dass die Deportierten – anders als man uns gesagt hatte – nicht umgesiedelt wurden. Man brachte sie in Zwangsarbeitslager und ermordete sie dort systematisch. Sogar mir wurde dies im Alter von sechs Jahren bewusst. Die Deportationen wurden im Laufe des Jahres 1942 fortgesetzt und kamen dann am 20. Oktober 1942 zu einem Stillstand.

Die Geschichtswissenschaft führt mehrere Gründe für den Stopp der Deportationen an. Während die Mehrheit der Slowaken der Judenvernichtung gleichgültig gegenüberstand oder sie sogar unterstützte, gab es einen kleinen bedeutenden Teil in der Bevölkerung, der begann, sich aktiv dagegen zu wehren. Einige der slowakisch katholischen Kirchenoberhäupter führten diese Opposition an. Schließlich sprach sich der Vatikan deutlich gegen die Deportationen in Vernichtungslager aus.[2] Dann gab es Bestechungen. Die jüdische Zentralorganisation sammelte Gelder, die dafür benutzt wurden, Schlüsselfiguren zu bestechen, die Deportationen zu stoppen. Als die Deportationen angehalten wurden, waren jedoch bereits 80 Prozent der slowakischen Juden und Jüdinnen mit Viehtransporten zu den Konzentrationslagern in Polen und Deutschland gebracht und ermordet worden. Von den ungefähr 100.000 Menschen jüdischer Herkunft, die vor dem Zweiten Weltkrieg in der Slowakei gelebt hatten, blieben nach dieser ersten Runde der Deportationen nur noch etwa 20.000 übrig.

Obwohl die Deportationen angehalten wurden, war uns aufgrund der hasserfüllten Äußerungen der Regierung und der lokalen Politiker bewusst, dass unser aller Leben in Humenne und in der ganzen Slowakei bedroht und gefährdet war, sogar für diejenigen mit Ausnahmegenehmigungen. Es war nur eine Frage der Zeit, bis die Deportationen und die Vernichtung der slowakischen Juden wieder aufgenommen werden würde.

Wege diesem Schicksal zu entgehen waren ständiges Gesprächsthema unter den Erwachsenen, und man wägte mehrere Möglichkeiten ab. Eine davon war es, an gefälschte arische Dokumente zu gelangen. Dieser Weg war für slowakische Frauen sicherer als für Männer, denn die Mehrzahl dieser war beschnitten und ihre jüdische Identität konnte so sehr leicht enthüllt werden. Trotzdem entschieden meine Mutter und mein Vater sich für diese Option. Eine andere Möglichkeit war es, ein sicheres Versteck zu suchen. Dafür musste eine nichtjüdische Familie bereit sein zu kollaborieren und eine jüdische Familie zu verstecken. Ein sicheres Versteck für eine Familie konnte in einem abgetrennten Bereich oder Raum auf dem Dachboden einer nichtjüdischen Familie oder auch im Wald in einer Art Bunker sein. In beiden Fällen musste die kollaborierende Familie den Untergetauchten Essen bringen und deren Abfall entsorgen. Für einen solchen Plan musste man den Nichtjuden, die diese Aufgabe übernahmen, volles Vertrauen entgegenbringen. Solche Familien brachten sich jedoch selbst in große Gefahr, denn falls man sie erwischte, würden sie auch deportiert und höchstwahrscheinlich umgebracht werden. Die zwei älteren Brüder meines Vaters entschieden sich für diesen Weg. Sie veranlassten den

Bau eines Verstecks, eher eines Bunkers, der tief in den Bergen etwa 50 km von Humenne entfernt lag.

Eine andere Möglichkeit war es, auf irgendeine Weise die Grenze nach Ungarn zu überschreiten, wo zu dieser Zeit die Lage für die jüdische Bevölkerung weitaus günstiger war als in der Slowakei. Admiral Horthy wurde zum Regenten (einer Art Königsersatz) Ungarns ernannt. Er wurde zum Regierungschef der faschistischen Regierung in Ungarn und schloss ein zögerliches Bündnis mit Nazi-Deutschland, das darauf abzielte, die zuvor verlorenen Landesteile zurückzugewinnen. Seine Regierung verabschiedete restriktive judenfeindliche Gesetzte, die Mischehen verboten und die Ausübung bestimmter Tätigkeiten sowie bestimmter Vereinsmitgliedschaften für die jüdische Bevölkerung einschränkten. Gelegentlich kam es in einigen Gegenden Ungarns zu kleineren Pogromen, aber Admiral Horthy widersetzte sich erfolgreich der Implementierung von Hitlers völkermordender Politik in Ungarn. Von 1942 bis Anfang 1944 lebten die Juden in Ungarn einigermaßen friedliche, wenn auch eingeschränkte Leben, ohne die Gefahr deportiert und ermordet zu werden. Ebenfalls war es eine gute Option nach Ungarn zu flüchten, weil die meisten slowakischen Juden fließend Ungarisch sprachen und oft einige Verwandte und Freunde in Ungarn hatten. Diese Option wurde für mich ausgesucht.

---

1. Dieses Lied wird immer noch in der Slowakei gesungen und kürzlich wurde eine Amateurversion auf YouTube hochgeladen: https://www.youtube.com/watch?v=DotGwazFToc.
2. Als der Holocaust wütete, blieb die katholische Kirche im Großen und Ganzen still und tat insgesamt sehr wenig, um den Juden und Jüdinnen aus ihrer misslichen Lage zu helfen. Der Präsident der Slowakei, Josef Tiso, war ein geweihter römisch-katholischer

Priester und die Mitglieder seiner slowakisch faschistischen Regierung waren überzeugte Katholiken. Zur Mitte des Jahres 1942 war die Massenvernichtung der deportierten Juden allgemein bekannt. Die Politik des Massenmords an den Juden, durchgesetzt von einer im Wesentlichen katholischen Regierung in der Slowakei, wurde dem Vatikan zunehmend peinlich. Domenic Tardini, der vatikanische Staatssekretär, schrieb in einem Memorandum: „Jeder versteht, dass der Heilige Stuhl Hitler nicht aufhalten kann. Aber wer kann verstehen, dass er es nicht vermag, seine Priester zu zügeln?" Tiso wurden ernsthafte Sanktionen angekündigt, falls er die Deportationen nicht stoppte.

6

UNGARN

Das Waisenhaus

Gegen Ende des Sommers 1942 begann meine Mutter von meinem Großvater väterlicherseits, der in Moldava lebte (was damals in Ungarn lag und Szepsi genannt wurde), Briefe zu erhalten. Er bat darum, mich zu ihm zu schicken, weil er dachte, dass es dort mit seiner Familie für mich sicherer sei als in der Slowakei. Damals schien es zumindest dort sicherer für mich. Die Nachrichten wurden in verschlüsselten Briefen oder von einem nichtjüdischen bezahlten Boten, der regelmäßig die slowakisch-ungarische Grenze überschritt, in verbaler oder schriftlicher Form überbracht.

Meine Mutter war zögerlich, sich von mir zu trennen, aber all ihre Freunde stimmten zu, dass es die richtige Entscheidung sei. Jeder, der die Möglichkeit und den Kontakt nach Ungarn hatte, schickte seine Kinder dorthin. Nach einigen dieser Nachrichten fragte meine Mutter mich, was ich für richtig hielt. Ich stimmte zu, dass ich nach Ungarn geschickt werden sollte. Ich erinnere mich noch sehr gut daran, dass sie mich fragte und wie ich darauf reagierte. Als ich zustimmte, dachte ich aber nicht an meine eigene Sicherheit, sondern an die abenteuerliche Zugreise und daran, neue Orte zu sehen. Meine Mutter benachrichtigte meinen Großvater, dass sie zustimmte, mich nach Ungarn zu schicken, und mein Großvater versicherte ihr, eine zuverlässige Person zu finden, die mich über die Grenze schmuggeln würde. Rückblickend gesehen war dies womöglich nicht die beste Entscheidung, zumal meine Mutter auch nicht über das ganze Ausmaß des Plans informiert wurde.

Ende September 1942 kam eine große dünne Frau zu uns nach Hause und stellte sich als die Person vor, die von meinem Großvater gesandt worden war, um mich über die Grenze zu bringen. Sie war eine Nichtjüdin und besaß offizielle Dokumente, die es ihr erlaubten, die Grenze zu überschreiten. Ich sollte als ihr Sohn mitreisen. Am nächsten Morgen trafen meine Eltern und ich die Schmugglerin am Bahnsteig in Humenne. Ein paar Minuten später fuhr der Zug ein, die Schmugglerin hielt meine Hand und wir stiegen ein. Ich schaute aus dem Fenster und sah meine Eltern weinen. Der Zug fuhr ab, beschleunigte und sauste mit einigen kleinen Halten auf der Strecke übers Land. Ich erinnere mich nicht mehr genau daran, wie wir die Grenze überschritten, aber ich denke, es lief alles glatt. Die Zugreise war ereignislos, bis wir in Košice ankamen. Dort erinnere ich mich genau an die Schilder am Gleis, die den ungarischen Namen der Stadt Kassa, anzeigten. Man hatte mir gesagt, dass mein Großvater am Gleis auf mich warten würde, aber als wir ausstiegen sah ich niemanden, der meinem Großvater ähnelte. Die Schmugglerin beugte sich zu mir herunter und flüsterte mir zu, dass hier niemand auf mich wartete.

Sie erklärte mir, dass ich zu einem Polizisten gehen und ihm erklären sollte, dass ich ein jüdischer Junge war, der hier abgesetzt worden sei. Ich sollte sagen, dass ich nicht wisse, wer mich hergebrachte hatte und dass meine Eltern ermordet worden waren. All dies sollte ich auf Slowakisch erklären und falls jemand fragte, ob ich Verwandte in Košice hatte, war ich angehalten zu sagen, dass ich weder hier noch sonst irgendwo jemanden kannte. Dann drehte sie sich um und verschwand in der Menge.

Die ankommenden Fahrgäste verließen schnell das Gleis und es blieben nur ein paar übrig, die wahrscheinlich auf den nächsten Zug warteten. Ich sah mich um und sah zwei Polizisten auf dem Gleis, die sich unterhielten. Ich erinnere mich an das Folgende sehr deutlich. Bevor ich zu ihnen herüberlief, erschuf ich ein Bild vor meinem inneren Auge. Ich war in einem Zimmer, Flammen hüllten die Wände ein und ein Dachbalken stürzte ein. Irgendwie wurde ich gerettet, aber meine Eltern kamen um. Ich lief zu den Polizisten herüber und beschrieb ihnen diese Szene. Ich erklärte ihnen, dass ich nun keine Eltern mehr hatte und mich an nichts anderes mehr erinnerte. Sie fragten nach meinem Namen. Hierzu war ich nicht unterrichtet worden und ich sagte ihnen die ungarische Version meines Namens, bei der der Familiennamen vor dem Vornamen steht: Davidovits Pal. Die Polizisten setzten mich in ihr Auto und fuhren mich zum Polizeipräsidium. Dort liefen wir einige Treppenabsätze hinauf, sie öffneten eine Tür zu einem kleinen Raum mit Tisch und Stuhl. Sie sagten mir, ich solle mich setzen und warten. Nach einer Weile kam ein Mann in Zivil und stellte mir einige Fragen. Er erfragte erneut meinen Namen und wollte explizit wissen, ob ich Verwandte in Košice hatte. Tatsächlich lebten Erzsi, die jüngste Schwester meiner Mutter, und mein Onkel Ernő in Košice, aber ich hielt mich an die Geschichte, die die Schmugglerin mir erklärt hatte: „Ich bin eine Waise und kenne niemanden hier." Der Vernehmende fragte: „Du bist jüdisch, nicht wahr?", und ich stimmte zu. Ich sagte auch, dass ich sehr hungrig war und ob ich etwas essen könnte. Der Vernehmende antwortete: „Nein, hier wird nicht gegessen." Dann verließ er den Raum und man ließ mich für eine gefühlte Ewigkeit dort allein. Der Raum hatte ein kleines Fenster, durch das ich in den Innenhof schauen konnte. Es wurde dunkel draußen und ich wurde immer hungriger.

Schließlich öffnete sich die Tür und ein junger Mann kam herein. Er sagte mir seinen Namen, an den ich mich nicht genau erinnere. Ich glaube, es klang wie „Zacharias", also werde ich ihn hier so nennen. „Ich habe gehört, du bist hungrig", sagte er und ich nickte. „Du wirst mit mir kommen und wir werden dir etwas zu essen finden." Wir verließen den Raum und ein Polizist gab mir meinen kleinen Koffer. Vor dem Polizeipräsidium stiegen wir in eine Straßenbahn, was sehr aufregend war, weil ich mich nicht daran erinnern kann, je zuvor in einer Straßenbahn gefahren zu sein. Wir fuhren ein Weilchen bis wir vor einem gelben Gebäude auf einer Straße ausstiegen, von der ich später erfuhr, dass sie Harang Utza, Glockenstraße, hieß. Die Straße war dunkel und wie leergefegt. Wir liefen durch einen gewölbten Eingang in einen Innenhof, der von mehreren Gebäuden umgeben war. Zacharias führte mich in eines dieser Gebäude und durch eine Holztür in einen langen Saal mit zwei Reihen von Tischen und Stühlen. „Das hier ist der Speisesaal, bei uns leben viele Kinder und ich glaube, es wird dir hier gefallen. Aber die Kinder haben nun schon gegessen und schlafen schon. Ich gehe schnell in die Küche und schaue, was es dort für dich zu essen gibt." Er kam schnell mit einem großen Topf geschälter und gekochter Kartoffeln und einer Schüssel mit rohem Knoblauch zurück. Ich aß einige gekochte Kartoffeln und viel zu viele rohe Knoblauchzehen. Mein Hunger war gestillt, aber mir war ein bisschen schlecht. Bis heute bereitet der Geruch von rohem Knoblauch mir ein mulmiges Gefühl.

Nachdem ich gegessen hatte, nahm Zacharias mich mit in den Innenhof und führte mich dann in eines der größeren Gebäude. Dieses Gebäude hatte ein Foyer, von dem mehrere Türen abgingen. Zacharias öffnete eine dieser Türen und schaltete das Licht an. In dem langen schmalen Raum waren zwei Reihen von Metallbetten, etwa 20 Betten in einer Reihe mit Zwischenräumen, die einer Person kaum genug Platz boten, um sich hindurchzuzwängen. In den meisten Betten lagen Jungs in meinem Alter. Als das Licht angeschaltet wurde, saßen sie alle auf und starrten mich auf die Ellbogen gestützt an. Zacharias sagte laut: „Das hier ist Pali, er ist ein neues Mitglied eurer Gruppe." Er führte mich zu einem der wenigen freien Betten, auf dem ein Kissen und eine Decke lag und wies mich an, meinen Koffer unter meinem Bett zu schieben. Ich zog schnell meine Schuhe, Socken und Hose aus und legte mich hin. Zacharias schaltete das Licht aus und ging.

Ich verbrachte fünf Monate im Waisenhaus und aus dieser Zeit kann ich nur zwei Erinnerungen wachrufen. Ich habe eine Erinnerung an einen Tag, als eine Gruppe Frauen, ich sollte Damen sagen, denn sie waren alle sehr elegant gekleidet und trugen schicke Hüte, einige von uns abholten. Es musste sich um eine Veranstaltung nach dem Motto „Gib einem Waisenkind für ein Tag ein

Zuhause" gehandelt haben. Eine Frau nahm mich auf einer Kutsche mit zu ihrer Wohnung, die in einem großen Gebäude lag. Die Wohnungsdecke war sehr hoch und die großen Fenster boten einen Blick auf eine Straße mit Straßenbahngleisen. Eine alte Frau saß auf einem Stuhl mit einem geöffneten Buch auf dem Tisch vor ihr. Sie war still und ihre Finger bewegten sich schnell über die Seite. Ich bemerkte, dass sie blind war. Meine Gastgeberin stellte mir die Frau als ihre Mutter vor. Sie rief mich zu ihr und berührte langsam meine Augen, Nase, Mund und Ohren und sagte auf Ungarisch: „Was ein schöner kleiner Junge."

Ein Hausmädchen kam herein und stellte Milch, Kekse und einige andere Leckereien, an die ich mich nicht erinnern kann, auf den Tisch. Während ich aß, lief meine Gastgeberin im Zimmer auf und ab. Schließlich setzte sie sich auf das Sofa. Meine Gastgeberin, ihre Mutter und ich saßen still, bis sie vom Sofa aufstand, mir eine kleine Tüte reichte und sagte, darin seien Kekse für mich, die ich später essen könne. Dann brachte sie mich wieder zurück ins Waisenhaus.

Meine andere Erinnerung ist an den Tag, als ich das Waisenhaus verließ. Eines Morgens kam Zacharias auf mich zu und gab mir meinen Koffer. Er sagte, mein Großvater sei gekommen, um mich zu sich nach Hause zu holen. Er führte mich in den Innenhof, wo mein Großvater auf mich wartete. Ich rannte auf ihn zu, er umarmte mich und wir liefen hinaus auf die Straße. Während ich in meinen Erinnerungen krame, fällt mir auf, dass ich keine wirklichen Erinnerungen an das Waisenhaus selbst habe. Ich erinnere mich an meine Ankunft, daran, einen Tag vom Waisenhaus wegzukommen und das Waisenhaus schließlich zu verlassen. Die eigentlichen Monate dort bilden eine Lücke in meiner Erinnerung. Vielleicht hat das Gefühl der völligen Verlassenheit meine Gedanken und Gefühle verdrängt.

Später fand ich heraus, warum man mich so lange im Waisenhaus allein gelassen hatte. Mein Großvater war ein vorsichtiger Mann. Er wollte, dass meine Ankunft bei ihm völlig legal war und wollte sich daher bestätigen lassen, dass ich ein Waisenkind ohne jegliche Verwandtschaft in Košice war. Als er mich schließlich abholen kam, war er bereits mein rechtlich bestellter Vormund. Dies kostet einiges an Bestechungen und Zeit, aber er hatte es letztendlich geschafft. In der Zwischenzeit glaubte meine Mutter mich bei meinem Großvater. Sie erhielt regelmäßig Briefe von ihm, die mein ausgedachtes Leben bei ihnen beschrieben, und sie hatte keinen blassen Schimmer, dass ich mich in einem Waisenhaus befand. Meine Tante Erzsi und mein Onkel Ernő waren eingeweiht worden und kooperierten mit meinem Großvater.

In den Jahren 1942 und 1943 wurden viele Kinder so wie ich von ihren Eltern aus der Slowakei nach Ungarn geschmuggelt. Dies schien der sicherste Weg zu sein, die Kinder vor der Deportation und dem Tod zu retten. Viele von ihnen landeten in Košice, wo die Mittel zur Unterbringung und Versorgung der Kinder bald erschöpft waren. Zwei jüdische Frauen reagierten auf die Situation und gründeten ein jüdisches Waisenhaus in Košice. Sie sammelten Gelder, mieteten Gebäude, holten die erforderlichen Genehmigungen ein und überwachten den Betrieb der Institution. Es ist ein interessanter Zufall, dass eine dieser Frauen, Klara, praktisch meine Tante wurde, als mein Onkel Ernő ihre Schwester Eva heiratete.

Klara war eine fähige Frau von großem Verantwortungsbewusstsein, Engagement und moralischer Stärke.

Klara

Im Laufe des Sommers 1944 wurde der Großteil der jüdischen Bevölkerung, sprich Männer, Frauen und Kinder, aus Košice und den umliegenden Städten auf das Gelände eines Ziegelwerkes am Rande der Stadt gebracht. Von dort aus wurden die Menschen nach Auschwitz deportiert. Das Ziegelwerk eignete sich besonders gut für diesen Zweck, denn die Gleise verliefen so, dass die Rohmaterialien und anschließend die gefertigten Ziegel auf direktem Wege in das Werk hinein und wieder hinausgelangen konnten. Die Bedingungen im Ziegelwerk waren extrem schlecht. Es mangelte an sanitären Anlagen und angemessener Unterbringung. Der Nahrungsmittelmangel war besonders schlimm. Klara sammelte Gelder und organisierte mehrere Suppenküchen, die täglich mehr als 10.000 Mahlzeiten zubereiteten. Als die Güterwaggons kamen und die Deportationen begannen, begleitete Klara die 52 Kinder aus dem Waisenhaus nach Auschwitz und beruhigte sie, so gut es in diesen schlimmen Zeiten nur ging. Bei der Selektion in Auschwitz wurden Kinder und Alte von denen, die arbeiten konnten, getrennt in die Gaskammern gebracht und sofort ermordet. Denjenigen, die zur Arbeit selektiert worden waren, nahm man ihre Klamotten und ihren Besitz ab, händigte man gestreifte Sträflingskleidung aus und ordnete sie Baracken zu.

Klara und ihre zwei jungen Nichten, Helen und Oli, wurden mit 40 anderen Frauen in Baracken untergebracht. Die Bedingungen dort waren grausam:

harte Arbeit, Unterernährung und oft verdorbene Lebensmittel, schreckliche Sanitäranlagen und häufige Krankheiten. Die meisten Juden in Auschwitz starben oder wurden ermordet. Klara und ihre beiden Nichten überlebten, obwohl sie dem Tode nahe waren, bis die russische Armee das Konzentrationslager am 27. Januar 1945 befreite.

Als Klara nach Košice zurückkehrte musste sie mit Schrecken feststellen, dass ihr Mann und ihre beiden jugendlichen Söhne im Alter von 13 und 17 Jahren ermordet worden waren. Die Bilder der beiden gutaussehenden jungen Männer hingen 50 Jahre lang, bis Klara starb, an der Wand in ihrer Wohnung. Sie blickten von dort auf eine Welt hinaus, die sie nie erleben durften. Eine solche Wunde einer Mutter kann nie geheilt werden. Aber Klara wurde nie hartherzig, sondern öffnete sich der Welt mehr denn je. Sie heiratete Eugene Weinberger, einen Mann, dessen Familie wir aus Humenne kannten. So viele unserer Familienmitglieder waren im Holocaust ermordet worden, dass die Überlebenden alle neue Familienverbindungen suchten. Zu dieser Zeit wurde auch Klara zu meiner Tante, denn mein Onkel Ernő, dessen Frau und Sohn in Auschwitz ermordet worden waren, heiratete Klaras jüngere Schwester Eva.

Kurz nach dem Krieg wanderten Klara und Eva mit ihren neuen Ehemännern nach Kanada aus und schlossen sich dort ihrem Bruder Charles und ihrer Schwägerin Freida in Toronto an. Meine Mutter, mein Stiefvater und ich folgten ihnen im Jahr 1949 nach Toronto. Ungefähr zur gleichen Zeit zogen Helen und Oli, Klaras Nichten auch nach Kanada. Obwohl ich bereits 1958 Toronto verließ, um nach New York zu ziehen, kehrte ich mehrmals im Jahr dorthin zurück, um die Familie zu besuchen, auch Helen und Oli, die nun verheiratet waren und beide zwei Kinder hatten. Sowohl Helen als auch Oli sprachen regelmäßig über ihre Zeit in Auschwitz und sie führten ihr eigenes Überleben sowie das vieler andere Frauen in ihren Baracken auf Klaras selbstlosen Einsatz zurück. Abends, wenn das Licht in den Baracken ausging, suchte sie die verzweifeltesten Frauen auf und sprach im leisen Flüsterton mit ihnen, vielleicht um ihnen Mut zuzusprechen. Sie gab oft ihre eigene magere Ration an Essen anderen Menschen, die kurz vorm Verhungern waren, und behauptete, dass sie es sich leisten könne, abzunehmen. Zu Beginn ihrer Internierung in Auschwitz war sie eine kräftige Frau gewesen, doch bei der Befreiung war sie genauso ausgemergelt wie alle anderen Überlebenden.

Helen schrieb ihre Memoiren über das Jahr in Auschwitz und gab sie mir zu lesen. Sie beschreibt dort ein Ereignis aus dem frühen Herbst 1944. Klara litt unter akutem Durchfall. Mitten in der Nacht musste sie aufstehen, um zur Latrine zu gehen, die einige hundert Meter entfernt lag. Die Latrine bestand aus einem langen Abwasserkanal, der mit Steinplatten abgedeckt war, von denen jede in der Mitte ein Loch hatte, das dem Toilettengänger als Sitzplatz diente. Klara war zu dieser späten Stunde allein in der Latrine und setzte sich mittig auf eine der Steinplatten. Offenbar musste die Platte einen Riss gehabt haben, denn als Klara sich setzte, brach sie entzwei und Klara fiel in den Abwasserkanal, der voll mit Fäkalien und Urin war. Sie konnte nicht allein ohne jegliche Hilfe, wieder aus diesem rutschigen Miasma herauszuklettern. Sie rief um Hilfe, aber das war gefährlich, denn wahrscheinlich würde der SS-Wächter, der sie in dieser misslichen Lage fand, sie erschießen.

Diesmal verhielt sich jedoch ein Wächter auf unerwartete Weise. Er entfernte die gebrochene Steinplatte und streckte Klara den Lauf seines Gewehrs entgegen. Er sagte ihr, dass sie sich gut festhalten solle und half ihr so aus dem Abwasserkanal. Er bat sie, zu warten und kehrte ein paar Minuten später mit ein paar dreckigen Fetzen für sie zurück. „Das ist das Beste, was ich für dich tun kann", sagte er und lief davon. Klara wischte sich so gut es ging ab und torkelte zurück zur Baracke. Der Gestank folgte ihr, also setzte sie sich auf die Außentreppe und wartete auf den Sonnenaufgang.

Die Gefangenen wurden um 4 Uhr in der Frühe geweckt und mussten sofort für die Zählung aufstehen. Als die Frauen herauskamen, fanden sie Klara völlig niedergeschlagen. Ein paar der Frauen halfen ihr, sich so gut es ging aufzusetzen und stellten sich für die Zählung auf. Kurz danach reihten sie sich mit ihren Blechtassen auf für die einzige warme Flüssigkeit des Tages, ungefähr 350 ml Ersatz-Zichorienkaffee. Danach hatten die Frauen ein paar Minuten in den Baracken Zeit, bevor sie sich wieder aufstellen mussten und man sie zu ihrer Arbeitseinheit marschierte.

Ohne jede Diskussion brachte jemand zwei Eimer in die Baracke, in die die Frauen ihre Tassen mit Ersatzkaffee gossen. Mit dieser warmen Flüssigkeit wuschen und säuberten sie Klara. Anschließend brachten sie ihr trockene Kleidung und machten sie bereit für den Tag.

Die ersten Jahre meiner Familie in Kanada waren nicht leicht. In ihrem mittleren Alter mussten die Erwachsenen ein neues Leben aufbauen. Es gelang ihnen, ein Leben erfüllt von Familie, Liebe und Freundschaft zu gestalten. Sobald Klara etwas Zeit erübrigen konnte, begann sie wieder für andere zu arbeiten, wo sie den Bedarf dazu sah. Eine ihrer vielen Tätigkeiten war es, sogenannte „Pushkes" Blechboxen für das Sammeln von Münzgeld für unterschiedliche Zwecke zu verteilen. Diese Pushkes, die sie regelmäßig einsammelte, brachten jedes Jahr während der dreißig Jahre, die sie diese Tätigkeit ausführte, viele Tausend Dollar ein.

In Klaras Gegenwart hatte ich immer ein Gefühl der Weite, ein wunderbares Gefühl, mit Freude empfangen zu werden. In ihren letzten Lebensjahren litt Klara unter vielen Schmerzen und verbrachte ihre Zeit in ihrer Wohnung. Dort fühlte sie sich am wohlsten und wurde liebevoll von ihrer Familie und ihren Freunden umsorgt. Sogar in diesen letzten Jahren hatte ich nie das Gefühl, dass die Schmerzen ihre Welt einschränkten. Sie freute sich immer, mich zu sehen.

Bei einem meiner letzten Besuche sagte sie zu mir: „Mein lieber Paul, ich habe so viel Zeit zum Nachdenken und ich denke oft über all die Wunder dieser Welt nach. Wie ist das alles nur entstanden? Sieh dir doch nur die verschiedenen Arten von Papageien an. Weißt du, wie viele unterschiedliche es gibt? Welch schöne Federn sie haben? Und all diese Papageien wissen genau, was sie zu tun haben und wie sie in dieser Welt zu sein haben?" Und so war auch Klara in der Welt. Sie wusste immer genau, wie sie zu sein hatte.

Moldava

Meine Erinnerungen setzten fast sofort wieder ein, nachdem mein Großvater mich aus dem Waisenhaus geholt hat. Ich muss etwas heruntergekommen ausgesehen haben, denn er brachte mich direkt für einen neuen Haarschnitt zu einem Barbier und wir gingen in ein Kleidungsgeschäft, in dem wir mir einen komplett neuen Satz Kleidung kauften. Ich zog meine neuen Sachen an und wir fuhren in einem Taxi zum Haus meiner Tante Erzsi, in dem sie mit ihrem Mann Geza und meiner Cousine Evi lebte. Anschließend fuhren wir zu einem bekannten Fotografen, Gyori und Boros, und ließen ein Foto von mir und meiner Cousine schießen. Dieses wurde meiner Mutter als Beweis meines Wohlaufseins zugesandt. So fand dieses Foto den Weg in das Fotoalbum meiner Mutter.

Meine Cousine Evi und ich.

An diesem Abend nahmen wir den Zug nach Moldava, eine kurze Bahnfahrt von Košice entfernt. Meine Großmutter und einige andere Verwandte erwarteten mich und umarmten und begrüßten mich herzlich. Ich muss nach meiner Ankunft aus dem Waisenhaus sehr verstört gewesen sein. Wochenlang urinierte ich nachts in mein Bett und wachte mit nassen Laken auf, was mir sehr peinlich war, aber niemand erwähnte es je. Am nächsten

Abend fand ich mein Bett immer frisch bezogen und trocken, als sei nichts passiert. Kurz nach meiner Rückkehr wachte ich auch oft mitten in der Nacht auf und hatte große Angst. Ich rief dann und meine Großmutter kam und setzte sich an mein Bett. Sie hielt meine Hand und sprach sanft mit mir, bis ich wieder eingeschlafen war.

Nach ein paar Wochen bei meinen Großeltern begann ich, mich in ihre Haushaltsroutine einzufügen. Meine Großeltern hatten keine zentrale Heizungsanlage in ihrem Haus. In den Schlafzimmern und im Wohnzimmer gab es Öfen mit deckenhohen Kacheln. Die Ofenkacheln in meinem Schlafzimmer waren glänzend grün und mit einem Dreiecksmuster durchsetzt. Wenn ich mich recht erinnere, hatten meine Großeltern zwei Dienstmädchen angestellt, die eine Vielzahl von Reinigungs-, Haushalts- und Kocharbeiten erledigten. Nachdem ich zu Bett gegangen war, kam eines der Dienstmädchen mit einem Eimer voll Kohlen. Sie öffnete die Ofentür, befüllte den Ofen mit Brennstoff, schloss diese wieder fest und wünschte mir beim Verlassen meines Schlafzimmers eine gute Nacht. Dann würde meine Großmutter hereinkommen, meistens allein aber manchmal von meinem Großvater begleitet. Sie würde mir einen Kuss auf die Stirn geben, mir eine friedliche Nacht wünschen, das Licht löschen und mein Zimmer wieder verlassen. Am Morgen erwachte das Haus normalerweise von den Dienstmädchen, die von Zimmer zu Zimmer liefen, um die Ofenfeuer wieder zu entfachen. Das Haus war sogar an den kältesten Tagen immer gemütlich warm.

Mitte des 18. Jahrhunderts, als die Aufklärung sich in West- und Mitteleuropa auszubreiten begann, wandten sich immer mehr Juden von der strengen Orthodoxie ab und formten Splittergruppen, die in ungarischen Regionen Neolog und Status Quo genannt wurden. Jede Splittergruppe hatte ihre eigenen Synagogen und Rabbiner. In vielen größeren Städten bildeten sich aus den Fraktionen kleinere Subgruppen mit separat entstehenden Bräuchen und Ritualen. Wie in den größeren Städten gab es auch unter den Juden in Moldava ein weites Spektrum der Verpflichtung gegenüber dem traditionellen Judentum. Jedoch hatte die kleine Stadt Moldava, mit ihrer verhältnismäßig kleinen jüdischen Bevölkerung nur eine Synagoge und einen Rabbiner, der allen jüdischen Gemeinden diente. Die Juden in Moldava hielten sich überwiegend an die traditionell orthodoxen Bräuche und Traditionen, aber viele unter ihnen taten dies nur in der Öffentlichkeit. Meine Großeltern lebten zwar streng koscher und mein Großvater besuchte jeden Freitag und Sonntag die Synagoge, zu Hause sah ich ihn aber nie seine Kippa oder seine Gebetsriemen tragen oder seine Morgen- und Mittagsgebete sprechen.

Wie in jedem orthodoxen Zuhause brummte am Freitagnachmittag die Küche und der ganze Haushalt mit den Vorbereitungen meiner Großmutter für das Schabbat Mahl. Das Gericht, das Samstag am frühen Nachmittag serviert wurde, war Tscholent. Dafür wurde Fleisch mit Gemüse und einer Vielzahl von Gewürzen in einen großen Topf gelegt und mit Wachspapier bedeckt, das um den Topf gebunden wurde. Auf das Papier schrieb Großmutter unseren Namen. Am Freitagabend vor dem Schabbat gingen mein Großvater und ich zur Synagoge und zogen einen Wagen, auf dem der Topf mit Tscholent stand. Auf dem Weg zur Synagoge ließen wir den Wagen mit dem Topf im Innenhof des Bäckers, wie es die meisten jüdischen Familien taten. Der Bäcker stellte die Töpfe dann in den vorgeheizten Ofen, in dem das Tscholent die ganze Nacht langsam kochte. Nach dem Morgengebet am Samstag holten wir das gekochte Tscholent wieder ab. Ich erinnere mich, dass die Familiennamen auf dem kalten Wachspapier nur schwer lesbar waren, aber nach dem Backen war das Papier brüchig und die Namen traten deutlich hervor. Die Atmosphäre war warm und freundlich als die Menschen ihren Topf mit Tscholent abholten. Man wünschte sich gegenseitig „Git Shabbes" und ich zog den Wagen mit dem Tscholent nach Hause.

Als wir von dem kurzen Weg vom Bäcker nach Hause kamen, war der Tisch schon mit Tellern und Silberbesteck, Challah und dem anderen Teil der Schabbat Mahlzeit, einem großen Teller Ayer mit Tzvibel, was dem Namen her aus gestampften gekochten Eiern und gebratenen Zwiebel bestand, gedeckt. Obwohl im Haus meiner Großeltern kein Jiddisch gesprochen wurde, bezeichneten sie einige Lebensmittel immer mit ihrem jiddischen Namen. Nach dem Schabbat Mahl hielten die Erwachsenen für einige Stunden einen Mittagsschlaf.

Etwa einmal im Monat wurde eine Gans vom Markt gekauft und mithilfe von Zwangsfütterung zu Hause gemästet. Meine Großmutter kümmerte sich nicht mehr um das Mästen der Gans, sondern eines der Dienstmädchen verrichtete diese Arbeit. Nach ungefähr zwei Wochen der Zwangsfütterung wurde die Gans vom Schochet geschlachtet, der auch die Speiseröhre entfernte. Es war meine Aufgabe, die Speiseröhre zur Inspektion zum Rabbiner zu bringen. Der Rabbiner blies sie auf und durchleuchtet sie mit einer Kerze auf Hautunreinheiten und Verletzungen hin, die von der Zwangsernährung verursacht worden waren. Dann entschied er, ob die Gans koscher war oder nicht. Einmal kehrte ich mit den Nachrichten heim, dass aufgrund der Luftröhre die Gans nicht koscher sei. Meine Großmutter murrte: „Wenn diese Gans ... gehört hätte", und erwähnte dabei den Namen eines Nachbarn, der viel ärmer war als wir, „dann hätte der Rabbi die Gans für koscher erklärt." Trotzdem hielt sie sich an die Entscheidung des Rabbis und gab die Gans an einen nichtjüdischen Nachbarn.

Ich fragte Gedaliah Fleer, einen Rabbiner in Jerusalem, wie diese Inspektion mit den jüdischen Speisegesetzen, dem *Kaschrut*, zusammenhängt. Er erklärte mir, dass dies eine Sorge bei der Zwangsernährung eines Vogels sei. Das Mästen an sich mache die Gans nicht direkt unkoscher. Es möge jedoch passieren, dass in den Wochen der Zwangsfütterung die Luftröhre des Tieres verletzt wird. Andere Organschäden könnten durch das Volumen der Leber auftreten, die während des Mästens das zehnfache an Größe gewinnt. Auch wenn solche Organschäden festgestellt werden würden, sei das Fleisch unkoscher.

Ich lebte vom Frühling 1943 bis zum darauffolgenden Frühling im Jahr 1944 bei meinen Großeltern in Moldava. Das Leben in diesem Jahr war friedlich und wir besuchten gelegentlich meine Verwandten, Ernős und Erzsis Familien in Košice.

Im späten Sommer nahmen wir für mehrere Stunden den Zug nach Huszt, um die Familie der Tochter meiner Großmutter, meiner Tante Ilona, zu besuchen. Wie zuvor bereits erwähnt bin ich mir bei ihrem Namen nicht mehr sicher. Sie war mit einem Mann namens Lajcsi Korach verheiratet. Er war ein wohlhabender Apotheker, der eine von drei Apotheken in Huszt besaß. Der Besuch in Huszt war ein jährliches Ereignis, das zwei bis drei Wochen andauerte.

Huszt liegt an der Grenze zur Ukraine in einer Region, die Karpatenvorland Russland genannt wird. Im Jahr 1943 war die Region von Ungarn kontrolliert, aber über die Jahre hinweg war die Stadt Teil der Tschechoslowakei, der Ukraine, Polens und sogar für kurze Zeit ein unabhängiger Staat. Infolgedessen gibt es mehrere alternative Schreibweisen der Stadt. Zur Zeit unseres Besuchs war die Stadt Teil von Ungarn und hatte etwas 10.000 Einwohner, von denen ein Drittel jüdisch war. Wie in den meisten mitteleuropäischen Gemeinden reichte die Bandbreite der Juden von sehr assimiliert bis hin zu ultraorthodoxen Chassidim. Zu dieser Zeit waren alle drei Apotheker und auch die sieben Ärzte in Huszt jüdischer Abstammung. Diese Fachleute bildeten das soziale Umfeld meiner Verwandten in Huszt.

Als wir am Nachmittag in Huszt ankamen, wartete mein Onkel, Korach Lajcsi, in seinem Auto auf uns und fuhr uns zu sich nach Hause. So wie ich es in Erinnerung habe, war Huszt eine Mischung aus Stadt und rückständigem Dorf. Das Haus der Korachs war groß und schien wie ein moderneres Haus als unseres in Moldava. Vor allem hatte es fließendes Wasser und eine Innentoilette. Nach unserer Ankunft, als meine Großeltern ausgepackt hatten, gaben sie mir die Erlaubnis, hinauszugehen und die Nachbarschaft zu erkunden.

Das Haus der Korachs lag an einer gepflasterten Hauptstraße, auf der sich auch eine Reihe von Häusern und mehrere Läden befanden. Hinter dem Haus lag ein Pfad, der mit Gras überwachsen war. Ich lief den Pfad entlang, der zu einer unangestrichenen Scheune führte. Ich schielte hinein und sah einen Mann, der ein kastanienbraunes Pferd bürstete. Der Mann trug eine Hose aus dickem weißem Stoff, die traditionellerweise von Bauern in Ruthenien und auch in der Slowakei getragen wurde. Ich hatte nie gesehen, wie ein Pferd gebürstet wurde und fragte deshalb den Mann auf Ungarisch, warum er das tat. Er antwortete auf Ruthenisch, was dem Slowakischen sehr ähnlich ist, weshalb ich seine Antwort verstand. Er erklärte mir, das Pferd habe gearbeitet und müsse nun gestriegelt werden. So stelle er sicher, dass sein Haar glatt war, das Bürsten säubert das Pferd, indem es Insekten entfernt. Es war sein Pferd, das er für viele Arbeiten benötigte und er wollte sichergehen, dass es gesund blieb. Dann fragte er mich, ob ich Teil der Familie war, die die Korachs besuchte. Ich bejahte seine Frage und er drehte sich von seinem Pferd weg und schaute mich genauer an. Er bemerkte unter meiner Nase zwischen meinen Nasenlöchern eine Warze. Diese Warze war schon lange dort gewesen und ich zupfte oft abwesend an ihr, wovon sie mir wehtat. Er beugte sich vor, sah sich die Warze an und fragte mich, ob ich sie gerne entfernt hätte. Ich stimmte dem mit Nachdruck zu. Er riss ein Haar aus dem Schweif des Pferdes aus, kniete sich hin und band das Pferdehaar fest um die Warze. Dann schnitt er die Enden des Haars mit einem scharfen Messer ab. Der Mann sagte mir, dass die Warze in zwei oder drei Tagen abfallen würde.

Ich muss lustig ausgesehen haben mit dem Faden unter meiner Nase, denn die drei Korach Jungs, Otto, Laci und Gyuri, lachten mich aus als ich nach Hause kam. Ich schaute in den Spiegel und es sah wirklich lustig aus. Die Warze unter meiner Nase und die zwei Enden des Pferdehaares, die hervorstanden, sahen aus wie ein kleiner brauner Schnurrbart. Als mein Großvater mich sah, sagte er bloß: „Das könnte funktionieren." Und das tat es auch, nach drei Tagen fiel die Warze zusammen mit dem Pferdehaar ab und tauchte nie wieder auf.

Ich erwähnte meine drei Cousins Korach bereits, aber nun mochte ich sie wirklich. Sie waren allesamt ein paar Jahre älter als ich. Ich war zu dieser Zeit sieben und ich glaube sie waren etwa 13, 12 und 10 Jahre alt. Sie waren meine Helden und konnten alles besser als ich. An einem heißen Nachmittag gingen wir vier an den Rand der Stadt zum Fluss, der durch Huszt fließt. Ich denke, es könnte der Fluss Tisza gewesen sein. Die Bänke des Flusses waren verlassen. Wir liefen ein Stückchen in den Wald hinein, wo sie mir ein Floß zeigten, das sie heimlich bauten. Sie sagten mir, das Floß sei nun fertig. Es bestand aus einigen Holzbrettern, die mit einem Seil zusammengebunden waren. Wir zogen das Floß zum Fluss und ins Wasser hinein und kletterten alle vier darauf. Der Fluss war an dieser Stelle sehr schnell, tief und ziemlich breit. Nach ein paar Minuten aufregender Fahrt prallte das Floß gegen einen Felsen und begann auseinanderzufallen. Die Bretter begannen sich zu lösen und schwammen nacheinander davon.

Meine Cousins konnten schwimmen, ich aber nicht. Als die Bretter sich voneinander lösten, hielt ich mich am letzten Brett fest und sie zogen mich zu einer kleinen Insel, die ein paar Meter breit war und nahe um Ufer lag. Dort konnten sie stehen, obwohl es für mich zu tief war. Sie halfen mir, ans Ufer zu gelangen und ließen mich schwören, unser Missgeschick geheim zu halten. Ich hielt mich an mein Versprechen.

Nach ein paar Wochen in Huszt kehrten wir nach Moldava zurück. Nach unserer Rückkehr war es immer noch Sommer und ich erinnere mich an einen

Nachmittag, an dem wir mit einem der Dienstmädchen aus unserem Haus am Fluss Bodva schwimmen gingen. Eine Menge junger Frauen und Männer spielten im Wasser in einem Schwimmloch unter einem kleinen Wasserfall. Das Wasser war nicht sehr tief, es ging den Leuten nur bis zur Brust. Das Mädchen, das auf mich aufpasste, ließ meine Hand los und stürzte sich kreischend und spritzend in die Menge. Obwohl das Wasser den Leuten nur bis zur Brust ging, reichte es mir bis über den Kopf und ich ging schreiend und polternd unter. Aber meine Schreie vermischten sich nur mit dem Gelächter der Menge und niemanden kümmerte mein Dilemma. Ich ging unter und atmete Wasser ein. Schließlich bemerkte jemand meinen aussichtslosen Kampf und zog mich ans Ufer. Ich hustete und übergab mich, aber erholte mich schnell. Wieder einmal versprach ich, niemandem davon zu erzählen, dass ich fast ertrunken war.

Wir kehrten gegen Ende August 1943 aus Huszt nach Moldava zurück. Ich erinnere mich grob an das Datum, denn kurz danach begann ich mich auf das kommende Schuljahr vorzubereiten. Wir fuhren nach Košice, um mir neue Herbstkleidung und einen Schulranzen zu kaufen. Es waren noch drei Monate bis zu meinem achten Geburtstag und ich kam in die zweite Klasse der öffentlichen Schule in Moldava.

Am Morgen und am frühen Nachmittag war ich in der Schule und am Nachmittag besuchte ich die Hebräische Schule. Der Lehrplan bestand aus dem Auswendiglernen der hebräischen Tora und den jiddischen Übersetzungen. Die Übungen bestanden jeweils aus einer hebräischen Zeile, gefolgt vom jiddischen Äquivalent. Dies alles geschah in einem traditionellen Sprechgesang, an den ich mich noch immer erinnern kann. Das Hauptproblem mit dieser Lehrmethode war, dass wir Jungs weder Hebräisch noch Jiddisch verstanden. Ich kann mir vorstellen, hätten wir so weitergemacht, hätten wir sowohl Jiddisch als auch die Tora gelernt.

Zu dieser Zeit durften die Juden in Ungarn trotz einer Vielzahl antijüdischer Gesetze ein verhältnismäßig friedliches Leben führen. Doch wir wussten nicht, dass sich unsere Welt bald radikal verändern würde.

7

AUS UNGARN HERAUS

Für die deutsche Armee verschlechterte sich die Lage auf dem Schlachtfeld sehr schnell. Im Februar 1943 wurde die deutsche Armee mit ihren ungarischen, italienischen und rumänischen Alliierten in Stalingrad besiegt. Die Gesamtverluste der Achsenmächte (Deutsche, Rumänier, Italiener und Ungaren) wurden auf mehr als 800.000 Tote, Verwundete, Vermisste und Gefangene geschätzt. Ungarn erlitt mehr als 140.000 Verluste. Diese Niederlage leitete den ununterbrochenen Rückzug der Deutschen Armee bis hin zu ihrer völligen Vernichtung ein.

Im Frühling 1944 kam die russische Armee nahe an die ungarische Grenze, und es wurde den meisten Deutschen bewusst, dass Deutschland den Krieg verlieren würde. Die Regierung unter Miklós Horthy nahm geheime Verhandlungen mit den Alliierten um einen Waffenstillstand und einen separaten Frieden auf. Als Hitler vom Wegbrechen Ungarns erfuhr, ordnete er die Invasion Ungarns an. Die deutschen Truppen fielen am 19. März 1944 in Ungarn ein. Die Deutschen setzten Horthy ab, stellten ihn unter Hausarrest und setzten eine neue Regierung ein, die von Führern der faschistischen und stark antisemitischen Pfeilkreuzpartei geführt wurde. Bis zu diesem Punkt hatte sich die ungarische Regierung unter Horthy der Ermordung der ungarischen Juden widersetzt. Nun war die vollständige Vernichtung aller ungarischen Juden eines der Hauptziele der Deutschen und der neuen ungarischen Regierung. Adolf Eichmann war für die Organisation dieser Vernichtung verantwortlich.

Wir in Moldava hatten bisher noch keine deutschen Soldaten gesehen, aber uns war die gefährliche Veränderung unserer Lage bewusst. Ich erinnere mich noch gut an den Freitag, nachdem die deutsche Armee in Ungarn eingefallen war. Mein Großvater und ich waren auf dem Weg zur Synagoge. Wir begegneten einer kleinen Gruppe, die zwei junge Männer umzingelte. Die jungen Männer trugen chassidische Kleider, sprich lange schwarze Mäntel und Fellmützen und sprachen aufgeregt. Sie waren gerade aus Košice zurückgekehrt, wo sie deutsche Soldaten auf den Straßen und Gehsteigen hatten marschieren sehen. Sie hatten die zwei Chassidim aus Moldava ignoriert und ihnen nichts getan. Die beiden jungen Männer wollten uns versichern, dass wir uns in keinerlei Gefahr befanden.

Offener Antisemitismus war nun auf dem Vormarsch. Herr Balog, mein Klassenlehrer in der zweiten Klasse, war ein scharfer Antisemit und ein Mitglied der örtlichen Abteilung des Eisernen Kreuzes. Er hatte tiefschwarzes Haar, welches er in einen Mittelscheitel nach hinten glättete. An einem Morgen, nachdem die Deutschen in Ungarn eingefallen waren, begann er den Unterricht mit einer Geschichte. Er sagte: „Eine riesige Schar schwarzer Krähen ist über unser schönes Land hergefallen, unser schönes Ungarn. Diese Krähen haben all unsere Früchte und unsere Erzeugnisse gefressen." Er führte diesen Monolog einige Minuten so fort und zeigte dann auf mich und die anderen jüdischen Kinder in meiner Klasse und schrie: „Diese Krähen sind die Juden, aber wir werden uns um dieses Problem kümmern." Das war ziemlich angsteinflößend.

Man erwartete uns einige Minuten vor dem Gong, der den Unterrichtsbeginn markierte, auf dem Schulhof. Als ich am nächsten Morgen an einem Ende des Schulhofs mit einem Ball spielte, sah ich wie Herr Balogs Sohn, der in meiner Klasse war, meine kleine Cousine Marika Zolis Tochter, schubste und sie eine dreckige Jüdin nannte.

Ich wurde wütend, rannte auf ihn zu und schlug ihn so fest ich konnte, sodass er hinfiel. Die Lehrkraft, die den Schulhof beaufsichtigte, riss mich von ihm. Nach einer Weile klingelte es und wir gingen in die Klassenzimmer. Der kleine Balog kam nicht in den Unterricht. Herr Balog begann den Unterricht, indem er sagte: „Heute Morgen hat Pali (er zeigte auf mich) meinen Sohn attackiert. Er schlug ihn sehr fest, aber ich bin erfreut darüber, denn nun wird mein Sohn die Juden noch mehr hassen." Da stand ich auf und sagte: „Herr Balog, wenn es sie so erfreut, dass ich ihren Sohn verprügelt habe, dann mach ich das gerne noch einmal." Ich weiß nicht, warum ich das sagte, vielleicht um ihn zu ärgern oder ihn wütend zu machen. Vielleicht dachte ich, dass er sich wirklich über mein Angebot freuen würde, aber jedenfalls sagte ich dies zu ihm. Balog sprang daraufhin von seinem Platz am Schreibtisch vor der Klasse auf, nahm mich beim Kragen und drückte mich gegen die Wand. Dann öffnete er die Tür zum Klassenzimmer und schmiss mich gewaltsam aus dem Unterricht und auf den Flur. Ich ging nach

Hause und erzählte meinem Großvater was passiert war. Ich denke, er ging zur Schule und sprach mit dem Schulleiter. Am nächsten Tag nahmen ich und Herr Balogs Sohn wieder am Unterricht teil. An die Geschehnisse im Klassenzimmer nach diesem Vorfall kann ich mich nicht mehr erinnern.

Pessahfest 1944

Im Jahr 1944 fiel der erste Seder auf Freitag, den 7. April und das jüdische Leben in Moldava verlief bis dahin in seinen gewohnten Bahnen. Die Vorbereitungen für diesen wichtigen Festtag waren in vollem Gange und die Gemeinde organisierte das Backen von Mazzot. Dies geschah in einer Hütte im Hinterhof der Synagoge, in der man einen Ofen aufstellte. Jede Familie meldete sich für einen bestimmten Zeitraum an, um dem eigenen Matzah beim Backen zuzusehen. Dies war ein sehr kontrollierter Prozess, bei dem kleine Mengen Mehl mit Wasser vermischt und schnell durchgeknetet wurden. Innerhalb der nächsten 18 Minuten musste dann der Teig in den vorgeheizten Ofen geschoben werden, um das Verschimmeln des Teiges zu vermeiden.

Wochenlang hatte ich mich auf das Pessahfest vorbereitet. Wir planten, einen großen Familienseder zu feiern, und weil ich das jüngste Kind war, das lesen konnte, war es meine Aufgabe, die traditionellen vier Fragen zu singen. Mein Großvater half mir, die Fragen mit der Kantillation auswendig zu lernen und er prüfte mich, bis er sich sicher war, dass ich sie perfekt beherrschte. Ich erinnere mich noch an die traditionelle aschkenasische Kantillation und wir singen sie heute gemeinsam bei unseren Familiensedern.

Kurz vor dem Pessahfest beschloss mein Großvater nach Košice zu fahren, um sich selbst und mir einige neue Hemden zu kaufen, und ich begleitete ihn dabei. Unser Trip erntete mir den Tadel eines Nachbarn, der ein paar Häuser weiter wohnte und an dessen Namen und Gesicht ich mich nicht mehr erinnern kann, obwohl sein Tadel mir bis heute nachgeht. Wir betraten einen Klamottenladen in der Nähe des Stadtzentrums. Mein Großvater stellte mich dem Ladenbesitzer vor, den er zu kennen schien, und unterhielt sich mit ihm für eine Weile. Als wir gehen wollten, beugte der Ladenbesitzer sich zu mir hinunter und sagte: „Dein Nachbar ist ein alter Freund von mir. Würdest du ihm bitte liebe Grüße von mir bestellen und ihm sagen, dass ich an ihn denke? Könntest du das für mich tun?" Ich sagte, ich würde ihm diesen Gefallen tun.

Etwa eine Woche später trafen mein Großvater und ich den Nachbarn an einem Freitagabend auf dem Weg zur Synagoge. Mein Großvater blieb stehen und unterhielt sich für eine Weile mit ihm. Als wir aufbrechen wollten, zog der Nachbar mich beiseite und sagte mir, er habe mit seinem Freund dem Ladenbesitzer aus Košice gesprochen und ich habe mich nicht an mein Versprechen gehalten, seinen Gruß auszurichten. Mit leiser Stimme sagte er mir, wie wichtig es sei, Grüße und Botschaften zu überbringen. Die Botschaft, die man übermittelt, könnte die letzte lebendige Verbindung zwischen zwei Personen sein, und man müsse sicherstellen, dass diese Verbindungen vervollständigt werden würde. Ich vergaß seinen Tadel nie und einige Monate später wurden beide Männer in Auschwitz ermordet.

Der 7. April kam und die ganze Familie bereitete sich auf den ersten Seder vor. Am Morgen wurde das gesamte

Pessahgeschirr- und besteck, das nur für die acht Tage des Pessahfestes benutzt wurde, aus dem Lager geholt. Der Festtagstisch, ein großer langer Tisch im Wohnzimmer, wurde mit einem großen weißen Tischtuch, dem Pessahgeschirr und dem zeremoniellen Sederteller gedeckt. Aber wir feierten an jenem Abend keinen Seder. Ein Polizist, der ein Familienfreund war, warnte uns. Am selben Abend würden wir gezwungen werden, unser Zuhause zu verlassen und am nächsten Tag würden wir in ein Ghetto, das in Košice errichtet worden war, deportiert werden.

Mein Großvater sammelte den Familienschmuck, goldene Halsketten und Armbänder, diamantene Verlobungsringe, goldene Uhren und Broschen und legte die Schmuckstücke in einen Schuhkarton, den er mit Wachspapier einwickelte. Er ging in den Schuppen im Garten, in dem das Feuerholz und die Gartenwerkzeuge aufbewahrt wurden und – so erzählte er mir später – versteckte den Karton unter einem Haufen Holzscheite.

Am späten Nachmittag kam ein Polizeiaufgebot und teilte uns mit, dass uns bald ein Laster abholen und uns zu einer zentralen Sammelstelle für die Deportation bringen würde. Man erlaubte es uns, einen Koffer pro Person und einen kleinen Essensbehälter für die ganze Familie mitzubringen. Die einzigen Lebensmittel, die wir mitnehmen konnten, waren Matzah und hart gekochte Eier.

Die gesamte Deportation war von Eichmann organisiert worden. Die jüdische Bevölkerung aus kleineren Gemeinden wurde gesammelt und in größere Städte gebracht, von wo sie nach Auschwitz deportiert werden würden. Eichmanns Entscheidung, mit der Deportation am Pessahfest zu beginnen, war natürlich kein Zufall. Dies sollte den Auszug aus Ägypten verspotten.

Wir packten in großer Eile und waren gerade fertig, als der Pritschenwagen ankam. Ich erinnere mich daran, dass es dunkel wurde. Einige Leute waren bereits auf dem Pritschenwagen, als mein Großvater, meine Großmutter, mein Onkel Zoli, seine Frau und seine zwei Kinder und ich hinaufkletterten. Ich bin mir nicht sicher, wo die zentrale Sammelstelle der Juden aus Moldava war. Ich meine mich zu erinnern, dass es der Keller einer Synagoge war. Ein Cousin zweiten Grades erinnert sich an den Ort als die Aula des Gymnasiums. Es mag sein, dass es mehr als eine Sammelstelle für uns gegeben hatte.

Als wir bei der Sammelstelle ankamen, saßen dort bereits viele Menschen, die ich kannte, in Familiengruppierungen zusammengekauert auf dem Boden. Moldava war eine Stadt mit ungefähr 2.000 Einwohnern, von denen etwa 500 jüdischer Abstammung waren, also war eine große Menge Menschen in dem Saal versammelt. Die Menschen hatten Angst und weinten. Natürlich waren auch alle hungrig, denn niemand hatte die Zeit gehabt, sich hinzusetzen und das Pessahmahl gemeinsam zu essen. Die meisten hatten alle dasselbe Seder-Essen mitgebracht. Jede Familie breitete eine Art Decke auf dem Boden aus und wir begannen unsere hartgekochten Eier mit dem trockenen Matzah zu essen.

Ich erinnere mich noch gut an die Familie neben uns, die ich nicht kannte. Sie hatten einen großen Topf mit Eiern mitgebracht, aber hatten diese nicht lange genug gekocht. Als sie die Eier schälten, fanden sie eine wässrige Schweinerei. Als meine Großmutter das sah, brachte sie der Familie einige unserer hart gekochten Eier. Wenn ich mich recht erinnere, brachten auch ein paar andere Leute der Familie einige ihrer Eier.

Und dann, inmitten des Weinens, des Lärms und der Verwirrung, stand der Rabbi auf und begann ein Gebet zu singen. Es mag „El mol el rachamim", das Totengebet gewesen sein. Die Menschen in der Synagoge wurden still. Panik und Angst schienen nachzulassen und eine gewisse Ruhe kehrte ein. Ich erinnere mich nicht an viel mehr aus dieser Nacht, wahrscheinlich schlief ich ein wenig.

Sehr früh am nächsten Morgen wurden wir von der Polizei auf die Straße geführt und aufgestellt. In einer langen Reihe marschierte man uns zum Bahnhof, der ungefähr einen Kilometer außerhalb der Stadt lag. Die Straßen waren von der nicht-jüdischen Bevölkerung Moldavas gesäumt. Viele von ihnen spotteten, riefen obszöne Worte und spuckten uns an. Andere wiederum waren still. Am Bahnhof wartete ein Zug mit Viehwaggons auf uns. Man trieb uns in die Waggons, schlug die Türen zu und verschloss sie. Dann fuhr der Zug in Richtung Košice ab, was ungefähr eine Stunde entfernt war. Es war eine langsame Zugfahrt.

Das Ghetto

Als der Güterzug in Košice ankam, wurden wir in den alten jüdischen Teil der Stadt geführt. Die Juden und Jüdinnen, die hier gelebt hatten, waren bereits zu den Ziegelwerken deportiert worden, die als Auffanglager bis zur endgültigen Deportation nach Auschwitz dienten. Wir wurden zusammen mit drei anderen Familien einer leer stehenden Wohnung zugeteilt. Das Ghetto war mit Stacheldraht umgeben und so auf unsere Ankunft vorbereitet. Die Ein- und Ausgänge wurden von deutschen Soldaten und der ungarischen Polizei bewacht. In der Umgebung, wie ich mich nun erinnere, lebten auch nicht-jüdische Menschen, die nicht vertrieben worden waren. Sie konnten das Ghetto betreten und verlassen, indem sie ihre Ausweiskarte zeigten.

Mittlerweile hatten meine Eltern in Humenne herausgefunden, was mit den ungarischen Juden passierte und wo genau ich mich mit meinen Großeltern befand. Sie waren verzweifelt. Während der drei Wochen, die wir im Ghetto verbrachten, schickten meine Eltern zwei oder drei Schmuggler, von denen ich weiß, um mich aus dem Ghetto zu holen, aber mein Großvater würde mich nicht gehen lassen. Ich war als Mitglied seiner Familie eingetragen und ich nehme an, er war besorgt, was passieren würde, wenn die Behörden mich als vermisst melden würden.

Herausgeschmuggelt

Früh an einem Morgen kamen Pritschenwagen in das Ghetto und die Juden wurden aus jedem Haus von den Truppen des Eisernen Kreuzes auf die Straße und von dort aus auf die Wagen getrieben, um an den Rand der Stadt zu einer Zwischenzentrale transportiert zu werden. Wie ich später herausfand, handelte es sich dabei um die Ziegelwerke, in denen die außerstädtischen Juden mit denen aus Košice für den endgültigen Transport nach Auschwitz zusammengeführt wurden.

Nun war jede Hoffnung auf eine Zukunft für uns Juden verflogen. Am selben Morgen kam ein weiterer Schmuggler an, der von meinen Eltern gesandt worden war. Ich sah ihn nicht. Er schickte meinem Großvater eine

Nachricht, dass dies seine letzte Chance war, mich gehen zu lassen.

Diesmal stimmte mein Großvater zu und nahm mich beiseite. Wir standen neben einem großen Fenster, durch das ich die Straße sehen konnte. Draußen wurden bereits die Pritschenwagen beladen und diejenigen, die sich nicht schnell genug bewegten, wurden geschubst. Ich erinnere mich noch sehr deutlich daran, wie ich meinen Großvater ansah. Er legte seine Hände auf meine Schultern und sagte mir, dass ich zurück zu meinen Eltern gehen würde. Er erklärte mir, dass der Mann, der mich zu ihnen bringen würde, außerhalb des Ghettos auf einer Bank im anliegenden Park auf mich wartete. Er beschrieb den Mann, aber ich erinnere mich nicht mehr an seine Beschreibung. Zuerst musste ich aus dem Ghetto gelangen. Mein Großvater schlug vor, dass ich meinen Ball nehmen sollte, um so zu tun, als würde ich damit spielen. Auf diese Weise könnte ich vielleicht durch das von der Polizei bewachte Tor gelangen. Ich weiß noch, wie mein Großvater, der mich überragte, mich um zwei Dinge bat. Er sagte: „Ändere deinen Namen nicht, behalte den Familiennamen", und er fuhr fort, „sag deiner Mutter, sobald du sie siehst, dass die Schmuckstücke im Holzschuppen unter einem Haufen Holzscheite begraben liegen."

Ich ging dann die Treppe hinunter, verließ die Wohnung und lief in Richtung der Straße, die aus dem Ghetto führte. Ich tat so, als würde ich Ballspielen und lief einfach so an den beiden Wärtern vorbei. Dann lief ich zu dem kleinen Park in der Nähe des Ghettos. Dort saß ein Mann auf einer Parkbank, von dem mein Großvater mir gesagt hatte, er würde mich aus Ungarn zurück zu meinen Eltern schmuggeln.

Ich weiß nicht mehr genau, wie wir zur Grenze kamen. Ich erinnere mich an eine Zugfahrt zu einem kleinen Dorf und dann an eine lange Wanderung durch den Wald, ab und an auf einem schmalen Pfad, der mit rutschigem Laub bedeckt war. Auf der Strecke schloss sich uns ein anderer Mann an. Er war mit dem Schmuggler befreundet und brachte uns Brot und Speck. Nachdem wir für eine gefühlte Ewigkeit gelaufen waren, hatte ich eine Blase an meinem rechten Fuß. Ich sagte dies dem Schmuggler. Unser neuer Begleiter wies mich an, Schuh und Socken auszuziehen und mich auf einen Baumstamm zu setzen. Ich tat, wie er mir befohlen hatte. An das Folgende erinnere ich mich noch sehr deutlich und mit anhaltender Bewunderung. Der Freund des Schmugglers, ein großer Mann, der über mir stand, hielt sich ein Nasenloch zu und blies aus dem anderen einen großen Popel, der genau auf meiner Blase landete. Er wies mich an, meinen Schuh und Socken wieder anzuziehen und wir liefen weiter. Die Schmerzen der Blase waren fast ganz verschwunden.

Nach mehreren Stunden des Laufens erreichten wir unser Ziel, den Rand des Waldes. Es begann bereits dunkel zu werden. Vor uns lag eine große Wiese und dahinter standen einige Bäume. Ich konnte das entfernte Bellen von Hunden hören. Der Schmuggler sagte mir, dass hinter den Bäumen ein kleiner Fluss verlief, der die Grenze markierte. Er würde nun gehen und schauen, ob wir die Grenze an der üblichen Stelle überqueren könnten. Er hielt mich an, am Rande des Waldes hinter einigen Büschen leise zu warten.

Also wartete ich dort am Waldesrand. Vor mir lag die Wiese und dahinter der imaginäre Fluss, die Grenze. Nach ein paar Minuten kam der Schmuggler allein wieder und sagte mir, dass wir nicht an der Stelle, die er vorgesehen hatte, die Grenze überqueren konnten, da diese nun zu schwer bewacht war. Ich sollte hierbleiben und auf ihn warten, er würde eine andere Stelle für die Grenzüberquerung finden. Er sagte mir, sein Freund sei nach Hause gegangen, da er die Überquerung allein bewältigen könne. Also wartete ich hinter einem Busch. Die Dämmerung wurde zur Dunkelheit. Hinter mir lag der dunkle Wald und vor mir die Wiese. Ich hörte das Heulen der Hunde mal lauter, mal leiser. Mir wurde klar, dass dies die Hunde der Grenzpatrouille waren. Ich saß den überwiegenden Teil der Nacht allein dort. Ich erinnere mich daran, dass ich mich fragte, was mit mir passieren würde, falls der Schmuggler nicht zurückkehren würde, aber ich erinnere mich nicht daran, Angst verspürt zu haben.

Die Dämmerung brach an und der Schmuggler war immer noch nicht zurückgekehrt. Nun hatte ich Angst, dass ich hier im Stich gelassen werden würde. Ich hatte keinen blassen Schimmer, was ich tun sollte, also wartete ich weiter. Nach einer Weile kehrte der Schmuggler aus dem Wald hinter mir zurück. Er hatte eine Stelle für die Grenzüberquerung gefunden. Wir liefen ein Stück den Waldrand entlang und dann hinüber zum Fluss. Der Fluss war nur ein paar Meter breit und sehr flach. Wir zogen unsere Schuhe aus und der Schmuggler nahm meine Hand und wir überquerten schnell die Grenze in die Slowakei.

Nach einer weiteren Wanderung, diesmal entlang eines ausgetretenen Pfads, erreichten wir ein Bauernhaus. Es war nun später Nachmittag, mir war kalt, ich war müde und hungrig. In der Küche des Hauses saßen ein Mann und eine Frau an einem Tisch und aßen. Sie waren

Freunde oder Verwandte des Schmugglers, denn als wir das Haus betraten, sprangen sie vom Tisch auf und umarmten und küssten ihn. Sie gaben mir etwas zu essen und sagten mir, ich solle mich aufwärmen und etwas schlafen. Ich schlief auf dem Ofen, was nicht ungewöhnlich war in bäuerlichen Häusern. Ein Teil des gemauerten Ofens nahe des Schornsteins, blieb vom täglichen Gebrauch warm und war in kalten Nächten ein guter Platz zum Schlafen.

Am Morgen brachte der Schmuggler mich zu einem Bahnhof in der Nähe, wo mein Vater Ignac auf mich wartete. Als er mich sah, nahm er mich auf den Arm, drückte mich und weinte. Danach nahmen wir den Zug zurück nach Humenne. Wir stiegen aus dem Zug und liefen zum Korso, einem langen Boulevard, der vom Bahnhof bis in die Stadt verlief. In einiger Entfernung auf dem Boulevard waren mein Hund Pityu, meine Mutter und ihre Schwägerin Bozsi. Pityu bemerkte mich zuerst. Er rannte so schnell er konnte auf mich zu und sprang mir auf den Arm. Meine Mutter folgte Pityu und rannte mir ebenfalls entgegen. Das Erste, was ich meiner Mutter sagte, ehe ich es vergaß, war, wo mein Großvater die Schmuckstücke vergraben hatte. Ich war wieder zu Hause.

Nachwirkungen

Mitte der 1980er-Jahre, als ich etwa 50 Jahre alt war, bekam ich Rückenschmerzen im Bereich der Halswirbelsäule. Obwohl dies sehr starke Schmerzen waren, erklärten sie nicht die Intensität meiner Reaktion. Allmählich wurde ich schwer depressiv und litt mit der Zeit auch unter Schlaflosigkeit, aber nicht nur das. Ich würde mitten in der Nacht, ungefähr um 2 Uhr in der Frühe aufwachen und die Angst würde mich packen. Dies war eine spürbare körperliche Empfindung, die sich in meinem ganzen Körper ausbreitete. Die Angst begann gewöhnlich in meinem Bauch. Dann verteilte sie sich von meinen Oberschenkeln aus hinab in meine Füße und meine Wirbelsäule hinauf. Die Angst zirkulierte in meinem Körper wie eine bösartige Schlange. Es ist schwer zu beschreiben, wie man Angst im Arm, Bein, Oberkörper oder gar im ganzen Körper spüren kann, aber nichtsdestotrotz fand ich mich Nacht für Nacht in vollem Schrecken. Stundenlang lag ich so allein im Bett – gepackt und durchtränkt mit dieser Angst – bis die Dämmerung kam und ich aufstehen und meinen täglichen Aufgaben so gut es ging nachgehen würde.

Diese Schlaflosigkeit und Angst hielt sechs Monate lang an und verschlimmerte sich sogar noch. Dann, in einer Nacht, inmitten dieser Angst, eröffnete sich mir eine Gelegenheit und es stellte sich mir eine Frage. Wovor hatte ich Angst? Ja, ich hatte Rückenschmerzen, aber es war kein lähmender Schmerz, mein Leben schwebte nicht in Gefahr. Meine Familie und mein Beruf waren gesichert. Also woher kam dann diese lähmende Angst? Dann musste ich daran denken, wie ich damals über die Grenze von Ungarn in die Slowakei geschmuggelt worden war. Ich sah mich selbst – einen kleinen Jungen ganz allein – wie ich mich hinter einem Busch im Dunkeln versteckte, während die Hunde bellten, und wie ich nicht wusste, ob man mich hier hängen lassen würde oder ob der fremde Schmuggler je zurückkehren würde. Und dennoch erinnere ich mich genau daran, dass ich damals, als ich dort hockte und mich versteckte, keine Angst verspürt hatte. Ich wartete nur.

Als ich mitten in dieser Nacht wach lag, wurde mir klar, dass ich furchtbare Angst gehabt haben musste. Aber irgendwie musste ich diese Angst unterdrückt haben. War es die Angst meines jüngeren Ichs die ich nun verspürte? War diese Angst irgendwie in meinem Körper verschlossen gewesen und jetzt, wo mein Leben recht sicher schien, wurde sie durch die Rückenschmerzen wieder freigesetzt und manifestierte sich? Ich weiß nicht, ob ich diese Fantasie oder diese psychopsychologische Tatsache selbst erfunden habe, aber es tröstete und erleichterte mich während meiner nächtlichen Schreckensheimsuchungen. Nachts begann ich, mir immer wieder vorzustellen, wie ich als kleiner Junge im Wald gesessen hatte und verängstigt gewesen sein musste. Ich stellte mir vor, was ich gespürt haben musste, als ich in der kalten dunklen Nacht den nahegelegenen Fluss und das Gebell der Hunde vernahm. Allmählich, als dieses Bild an Deutlichkeit und Realität gewann, verschwand die intensive Angst, die ich Nacht für Nacht im Erwachsenenalter verspürte, sowie auch meine starken Rückenschmerzen. Mein Leben verlief schon nach wenigen Monaten wieder in seinen gewohnten Bahnen.

8

AUF DER FLUCHT

Ich war nun zurück bei meinen Eltern und innerhalb weniger Tage schien das Leben sich wieder zu normalisieren. Ich schlief in meinem eigenen Bett, spielte mit meinem Hund und meinen Cousins und Cousinen und aß vertraute Mahlzeiten, die meine Mutter zubereitete. Ich war noch nicht wieder für die Schule eingeschrieben, denn nachdem ich für mehr als ein Jahr nur Ungarisch gesprochen hatte, musste ich mich erst wieder daran gewöhnen, flüssig Slowakisch zu sprechen.

Dennoch hielt mein friedliches Leben in Humenne nicht lange an und bald zurück in die Schule zu gehen wurde schnell eine irrelevante Angelegenheit. Die Armeen der Sowjetunion drangen schnell nach Westen in Richtung der Slowakei vor. Nun war den meisten Menschen klar, dass Deutschland den Krieg verlieren würde. Erneut fokussierten sich die deutsche Regierung und die slowakische faschistische Partei auf die vollständige Vernichtung aller Juden in der Slowakei. Der Präsident der faschistischen Slowakei, Tiso, stand unter Druck, die Deportationen der Juden in Konzentrationslager außerhalb der slowakischen Grenzen fortzusetzen. Es war nun allgemein bekannt, dass die Lager hauptsächlich für die Ermordung von Juden errichtet worden waren, obwohl auch eine Vielzahl von Roma dort ermordet wurden. Als geweihter Priester stand Tiso jedoch auch unter dem Druck der Gegenseite, hauptsächlich dem Druck des Vatikans, sich nicht offen an solchen mörderischen Tätigkeiten zu beteiligen. Seine Regierung fand einen Kompromiss und zögerte die Deportation der Juden heraus, indem sie anordnete, dass alle Juden aus der Ostslowakei bis zum 15. Mai 1944 in den westlichen Teil des Landes umgesiedelt werden sollten. Uns war allen bewusst, dass dies der letzte Schritt vor der finalen Deportation und Vernichtung aller Juden in der Slowakei war. Wir mussten uns so gut es nur ging darauf vorbereiten, diesem Schicksal zu entkommen.

Ich habe die hektischen Angelegenheiten am Abend unserer Abreise bereits beschrieben; die Vorbereitung der gefälschten Ausweisdokumente, die Vorkehrungen für die sichere Aufbewahrung des Fotoalbums, die Suche nach einer neuen Bleibe für unseren Hund Pityu und schließlich die Vorkehrungen für unsere Abreise mit dem Zug am nächsten Morgen, um in den westlichen Teil der Slowakei zu fahren, in dem Juden noch leben durften. Mein Onkel und meine Tante waren schon vor einigen Monaten in ein kleines Dorf in diesem Teil der Slowakei gezogen, wo sie die einzigen Anbieter zahnärztlicher Versorgung im weiten Umkreis geworden waren. Ich erinnere mich nicht mehr daran, wie dieses kleine Dorf hieß, sondern nur daran, dass die nächstgrößere Stadt Topoľčany war.

Wir kamen nach Einbruch der Dunkelheit in dem Dorf an. Wir wurden bereits erwartete und von Manci und

Karči herzlich willkommen geheißen. Meine Tante Manci drückte und küsste mich für eine lange Zeit. Sie hatten ein Haus gemietet, in dem eines der Zimmer mit ihrem Zahnarztstuhl und der pedalbetriebenen Bohrmaschine, die sie aus Humenne hatten schicken lassen, ausgestattet war. Der anliegende Raum war das Wartezimmer. Wir alle wussten, dass wir hier alles andere als sicher waren. Wir mussten uns bei den Behörden als neu umgesiedelte Juden registrieren lassen.

Mein Onkel und seine Frau Manci waren hochqualifizierte Zahnärzte und ihr Ruf verbreitete sich rasch in der Region. Sie behandelten die Zähne der Menschen aus der Region für kleine Preise und akzeptierten Tauschgeschäfte von denen, die kein Geld hatten. Den ganzen Tag über kam ein stetiger Strom von Patienten mit Zahnproblemen in ihre Praxis, oft im Tausch gegen Lebensmittel: gebackenes Brot, Obst, Eier und manchmal sogar gebratenes Huhn. Die Lebensmittel wurden sehr geschätzt, denn im Frühjahr 1944 waren die meisten Lebensmittel rationiert und Menschen jüdischer Abstammung wurden keine Lebensmittelkarten ausgestellt. Das meiste Essen musste wir auf dem Schwarzmarkt einkaufen, was riskant und teuer war.

Mein Onkel, der auf den guten Willen des Ortsvorstehers zählte, ging zu ihm und bat ihn, unsere Gegenwart zu ignorieren, da wir nur kurz bei ihm und Manci bleiben würden. Der Ortsvorsteher wusste natürlich, was auf dem Spiel stand. Wir wollten nicht registriert werden, weil man uns dann sofort deportieren konnte. Er sagte zu meinem Onkel, soweit er wüsste, seien wir nicht im Dorf. Er versicherte meinem Onkel auch, dass man den zwei Polizisten in seiner Zuständigkeit auch sagen würde, unsere Gegenwart zu ignorieren.

Obwohl unser Leben karg und eingegrenzt war, genossen wir für mehrere Monate, trotz der omnipräsenten Gefahr der Deportation relative Sicherheit. Die Radioübertragung des slowakischen Staatsfunks berichtete regelmäßig über die Anzahl deportierter Juden und verkündete fast jeden Tag, dass die Slowakei bald judenfrei sei. Wir hörten auch häufig die verbotenen BBC-Radioübertragungen, die über das stetige Vorrücken der russischen Front in Richtung der slowakischen Grenze berichteten.

Ich weiß, dass wir die meiste Zeit im Haus verbrachten, um nicht zu viel Aufmerksamkeit auf uns zu lenken. Ich las viel, aber ich erinnere mich nicht, was ich las oder woher die Bücher kamen. Die Zeit, die wir in dem kleinen Dorf verbrachten, ist eine Lücke in meiner Erinnerung.

Der Slowakische Nationalaufstand

Dann am 29. August 1944 ereignete sich etwas Bedeutsames. Der slowakische Staatsfunk kündigte an, dass ein antifaschistischer Aufstand im Gange sei, der sich auf Banská Bystrica konzentrierte, eine Stadt in der Mitte der Slowakei, nur ungefähr 110 km von Topoľčany entfernt. Zu diesem Zeitpunkt war die russische Armee nur noch ungefähr 50 km von der nördlichen slowakischen Grenze zu Polen entfernt, aber immer noch fast 290 km von unserem damaligen Wohnort. Der Aufstand war von der Koalition ein Jahr lang geplant worden. Die Koalition bestand hauptsächlich aus kommunistischen Partisanen, Sozialdemokraten, die sich der faschistischen Regierung widersetzten, und aufständischen Fraktionen der slowakischen Armee. Auslöser für das Ereignis war der Einmarsch der deutschen Armee in die Slowakei. Zu Beginn war die Streitkraft des Aufstands ungefähr 20.000 Soldaten stark gewesen. Sie bestand aus Abtrünnigen der faschistischen slowakischen Armee und Partisanen, von denen viele Juden waren, die in den Bergen gekämpft hatten und sich nun der Armee des Aufstands angeschlossen hatten. Nachdem die Mobilisation ausgerufen worden war, wuchs die Armee des Aufstands schnell auf etwa 60.000 Mann an.

Es war sofort klar, dass wir Banská Bystrica erreichen mussten. In derselben Nacht packten wir jeder einen kleinen Koffer und einen Rucksack. Alles andere, auch die zahnärztliche Ausstattung, mussten wir zurücklassen. Früh am nächsten Morgen mieteten wir ein Pferdegespann, das uns zum Bahnhof von Topoľčany brachte. Der Bahnhof war überfüllt mit Soldaten und Zivilisten, die auf dem Weg nach Banská Bystrica waren. Überraschenderweise fuhren die Züge mehr oder weniger regelmäßig. Im Nachhinein finde ich es erstaunlich, dass über die Kriegswirren und Bombenangriffe hinweg die Züge im Großen und Ganzen fuhren. Man konnte sich zwar nicht auf einen bestimmten Fahrplan verlassen, aber wenn man an einem Bahnhof ankam, würde früher oder später ein Zug einfahren, der in die Richtung fuhr, in die man reisen wollte. Der Zug in Richtung Banská Bystrica kam am frühen Nachmittag. Ich erinnere mich noch an die Zeit, weil ich Hunger hatte und meine Mutter mir ein Butterbrot gab, das sie für die Reise eingepackt hatte.

Nach einer zweieinhalbstündigen Zugfahrt kamen wir am Bahnhof von Banská Bystrica an. Banská Bystrica ist eine wunderschöne Stadt mittelalterlichen Ursprungs mit vielen gut erhaltenen mittelalterlichen Gebäuden. Zur

Zeit des Aufstands hatte die Stadt etwa 20.000 Einwohner.

Menschenmengen, die sich vor der faschistischen Regierung versteckt gehalten hatten, kamen aus allen Regionen der Slowakei, Ungarns und Polens am Bahnhof an. Eine Bleibe zu finden stellte sich als verhältnismäßig leicht heraus. Viele Ortsansässige waren am Bahnhof und boten Zimmer in ihren Wohnungen und Häusern zur Miete an. Wir mieteten ein Zimmer in der Nähe des Stadtzentrums. Manci und Karči mieteten ein Zimmer in einem Bauernhaus am Rande der Stadt, was sich für sie als eine überlebenswichtige Entscheidung herausstellen würde.

Sobald wir uns in unserer neuen Wohnung eingerichtet hatten, ging mein Vater zum Rekrutierungsbüro für die Armee. Er erhielt dort eine Uniform, die Teil der Vorräte war, die im letzten Jahr für den Aufstand eingelagert worden waren. Er war ein erfahrener Lastwagenfahrer, weil er dies auf seinem Sägewerk gelernt hatte. Die Armee teilte ihn dafür ein, einen Lastwagen mit Vorräten an die Frontlinie zu fahren.

Am nächsten Morgen kam Ignac mit seinem Lastwagen vorbei. Ich habe noch nie so einen Lastwagen gesehen, hinten befand sich ein Kessel mit einem Haufen Holz daneben. Ein Soldat stellte sicher, dass das Feuer unter dem Kessel durchgehend brannte. Später fand ich heraus, dass gegen Ende des Krieges aufgrund von Kraftstoffmangel die meisten kraftstoffbetriebenen Fahrzeuge der Achsenmächte zu Holzbrennerfahrzeugen umgewandelt wurden.[1]

Zuerst war der Aufstand sehr erfolgreich und innerhalb einiger Tage kontrollierte der slowakische

Nationalaufstand etwa die Hälfte der Slowakei. Das waren aufregende, spannende und hoffnungsvolle Zeiten. Der Marktplatz der Stadt war voll mit Menschen, die miteinander sprachen und den Lautsprechern zuhörten, die die Radioübertragungen mit den anfänglich guten Nachrichten vom Schlachtfeld abspielten. Das Internationale Lied wurde zur inoffiziellen Hymne des Aufstandes und wurde bei vielerlei Anlässen gesungen. Das Lied ist auf YouTube unter dem Namen „International Song in Slovak" zu finden. Immer wenn ich das Lied höre, werde ich in diese Zeit des anfänglichen, berauschenden Gefühls, das der Nationalaufstand auslöste, zurückversetzt.

Bald änderte sich die Situation drastisch. Der slowakische Nationalaufstand war einer von zwei großen zentralen und bewaffneten Oppositionen gegen die Deutschen und die lokalen faschistischen Regime in den von Deutschland besetzten Gebieten. Der andere Aufstand war der von Warschau. Beide Aufstände begannen ungefähr zur gleichen Zeit am Ende des Sommers 1944 und sie zielten beide darauf ab, sich der rasch nähernden sowjetischen Roten Armee anzuschließen. Obwohl diese Aufstände von der sowjetischen Regierung angeregt worden waren, wurden sie beide von Stalin verraten, der nicht wollte, dass die Aufstände erfolgreich sein würden. Er wollte keine unabhängige Regierung in Polen oder der Slowakei, die mit der untergeordneten Regierung, die er für diese Länder plante, rivalisieren würden. Sobald die Aufstände begannen, drangen die sowjetischen Armeen nicht weiter vor und blockierten den Transport des größten Teils der Vorräte, sodass diese nicht die Armeen der Aufstände erreichen konnten.

Die Deutschen sorgten für eine erhebliche Verstärkung. Um die faschistische slowakische Armee und die deutschen Soldaten, die bereits vor Ort waren, zu stärken, wurden 40.000 SS-Waffen in die Slowakei gebracht. Sie organisierten eine massive Offensive und begannen die Armee des Aufstands in Richtung Banská Bystrica zu drängen, wobei sie systematisch jeglichen Widerstand auf ihrem Weg vernichteten.

Zu diesem Zeitpunkt war klar, dass die Juden das Hauptziel der Deportationen und Ermordungen durch die einmarschierenden faschistischen Truppen sein würden. Wir mussten Banská Bystrica verlassen. Ignac musste noch eine Lieferung mit Vorräten an die verbleibenden Verteidiger ausfahren. Er hatte meiner Mutter gesagt, sie solle einen Zug in die kleine Stadt Jelenec nehmen, die als letzter Zufluchtsort des Aufstandes geplant war. Da würden wir ihn sowie meine Tante und meinen Onkel wiedertreffen und entscheiden, was wir als Nächstes tun sollten. Die verbleibenden Kräfte des Aufstandes wollten sich in dieser Stadt versammeln, um die Region zu schützen und den Menschen die Möglichkeit zu geben, in den Wald zu flüchten, sich einer Partisanengruppe anzuschließen oder auf eine andere Weise vor der Festnahme durch die deutschen oder die faschistischen slowakischen Akteure zu fliehen.

Ich entwickelte einen starken Husten, der ein Problem darstellte. Ein Arzt, der mit seiner Familie das Zimmer neben unserem mietete, hatte den Verdacht, dass es sich um Keuchhusten handelte. Dies war Grund zu großer Sorge, da es möglich war, dass wir uns verstecken mussten und uns in einer solchen Situation ein lauter Husten verraten könnte. Der Arzt versicherte uns, dass sich der Keuchhusten durch unseren baldigen Umzug in eine neue Umgebung wahrscheinlich legen würde. Ich denke, dass es sich dabei nicht um einen medizinischen Fakt handelte, aber der Husten verschwand tatsächlich, als wir Banská Bystrica verließen. Im Nachhinein denke ich, dass die Keuchhusten Diagnose des Arztes nicht korrekt war.

Meine Mutter packte erneut unsere Koffer und wir liefen zum Bahnhof in der Nähe des Stadtzentrums. Der Zug, der zu unserem Ziel fuhr, war voll mit Menschen und abreisebereit, aber die Türen waren immer noch geöffnet. Meine Mutter und ich liefen die Treppe hinauf und wollten einsteigen.

Ein dünner, großer Mann jungen Alters mit einem scharfen, hageren Gesicht begann, uns von der Treppe zu schubsen und schrie antisemitische Schimpfwörter. Wir konnten uns nur gerade so noch mit beiden Händen am Geländer des Zuges festhalten. Schließlich zogen einige Menschen ihn von der Tür weg und wir quetschten uns in den Zug. Ich kann das Übel und den Hass, der von diesem Mann ausging, immer noch spüren. Er ist inzwischen mit großer Sicherheit tot, aber ich kann sein Bild und die Wut, Angst und Hilflosigkeit, die er in mir auslöste, immer noch abrufen.

Nach einer mehrstündigen, langsamen Zugfahrt hielt der Zug an einem kleinen Bahnhof, dies war die Endstation. Der Bahnhof war voll mit Menschen, die über den nächsten Schritt nachdachten. Es fiel uns nicht schwer, meinen Vater, meine Tante und meinen Onkel zu finden. Ich weiß nicht, wie sie dorthin kamen, aber ich vermute, dass mein Vater Manci und Karči mit seinem Lastwagen abgeholt und dorthin gefahren hatte.

Es gab nur zwei Möglichkeiten, den Bahnhof zu verlassen. Über eine gepflasterte Straße, die in die Richtung führte, aus der wir gekommen waren oder über eine andere, ungepflasterte und schmale Straße, die aus dem Dorf in den Wald und die Berge der Niederen Tatra führte. Alle stellten fest, dass dies der richtige Weg war, um den anrückenden faschistischen Soldaten zu entkommen. Wir fingen an zu laufen: ein langer Zug aus Geflüchteten ging den Pfad hinauf in den Wald. Es war eine gemischte Gruppe mit Soldaten, die für den Aufstand gekämpft hatten, und Zivilisten, die von den mörderischen Taten der deutschen Soldaten in Polen und der Ukraine gehört hatten und denen bewusst geworden war, dass die einfallenden deutschen Soldaten verzweifelt und lebensgefährlich waren.

Der Zug von Geflüchteten bestand aus Menschen, die zu Fuß liefen, aus Wagen, die hauptsächlich von einzelnen Pferden gezogen wurden und aus ein paar antiken Autos und bewegte sich langsam die Straße hinauf den Bergen entgegen. Wir waren bereits zwei Stunden unterwegs und die Straße wurde schmaler und steiler, als wir das Geräusch eines sich nähernden Flugzeugs hörten. Es handelte sich um ein tieffliegendes deutsches Flugzeug, das sich die Szene ansah. Alle sahen zum Flugzeug auf und verfolgten seine Flugbahn. Das Flugzeug machte einen großen Bogen, kam zurück und begann seine Maschinengewehre auf uns zu feuern. Es herrschte sofort Chaos. Menschen rannten von der Straße weg. Die Pferde gerieten in Panik und die Fuhrwerke, die sie zogen, kippten um. Meine Mutter zog mich von der Straße und wir rannten in einen Graben am Straßenrand. Instinktiv warfen wir uns auf den Boden und hielten unseren Körper im Gebüsch so flach wie nur möglich. Kugeln schlugen um mich herum in den Boden ein. Ich trug einen roten Schal um den Hals, dessen Enden um mich herum ausgebreitet waren. Plötzlich traf eine Kugel meinen Schal. Meine Mutter dachte, dass der Pilot auf den Schal zielte, zog ihn mir schnell vom Hals und warf ihn ins Gebüsch. Das Flugzeug überflog die Straße noch zweimal und flog dann davon. Ich weiß nicht, ob irgendwer ermordet wurde. Zu diesem Zeitpunkt war die Straße voll mit den Tieren, den umgestürzten Wagen und verlassenem Gepäck. Wir kehrten zur Straße zurück und liefen so schnell wir konnten weiter.

Ich lernte später, dass die Beschießung von Straßen mit fliehenden Zivilisten eine Technik der Deutschen war, die sie während des spanischen Bürgerkriegs entwickelt hatten. Die Beschießung der Straßen führte zu Straßenblockaden, die den Transport von Lieferungen und von gegnerischen Truppenverstärkungen verlangsamte. Ich habe das nachfolgende Foto mit der gezeigten Unterschrift auf der Webseite gefunden, die den slowakischen Nationalaufstand beschreibt. Es zeigt die Szene so, wie ich mich daran erinnere.

Wir schleppten uns fast den ganzen Tag die Straße hinauf. Die Straße wurde schmaler und schließlich war sie nur noch ein mehr oder weniger erkennbarer Pfad. Der Zug Geflüchteter hatte sich gelichtet und am späten Nachmittag erreichten wir am Rande eines dichten Waldes das Ende des Pfades.

Hier standen verstreut marode Häuser, von Bauern bewohnt, die ihren Lebensunterhalt mit dem Anbau von Getreide und der Hühnerzucht verdienten. Auf der Wiese hinter den Häusern wuselten ungefähr hundert Menschen herum, Soldaten, Partisanen und geflüchtete Familien.

Es schien als hätte mein Vater bereits mit einem der Bauern abgesprochen, dass wir seine Küche benutzen und in seinem Haus übernachten durften. Der Bauer und seine Frau waren sehr einladend. Sie waren Teil der großen ungarischen Minderheit, die in der Slowakei lebte, und so wie meine Eltern sprachen sie unter vier Augen Ungarisch miteinander.

Chaos nach einem Maschinengewehrangriff von deutschen Flugzeugen auf eine Gruppe von Soldaten und Zivilisten, die auf der Flucht in die Berge nördlich von Banská Bystrica waren (Quelle unbekannt).

Ein Ereignis aus dieser Zeit ist mir noch lebhaft in Erinnerung. Ich war am Rande der Wiese und beobachtete die Szene. Eine Gruppe von Partisanen mit ein paar slowakischen Soldaten bewachte ungefähr 50 deutsche Soldaten, die sie irgendwo gefangen genommen hatten. Die deutschen Soldaten hatten ihre Hände über den Köpfen zusammengenommen. Ich hörte, wie die Partisanen auf Slowakisch diskutierten, was sie als nächstes mit den Gefangenen anstellen sollten. Sie waren auf dem Weg in die Berge und konnten sie nicht mitnehmen. Nach einigen lauten Diskussionen marschierten sie die Gefangenen in den Wald. Nach einer Weile hörte ich das Feuer von Maschinengewehren und dann kehrten die Partisanen und die slowakischen Soldaten ohne die Deutschen wieder zurück. Ich wusste, dass sie erschossen worden waren, und ich ging zurück ins Haus.

Wir waren alle hungrig. Meine Mutter kaufte ein paar Eier und Butter vom Bauern, um uns ein Omelett zu machen. Sie kommentierte, dass es schön wäre, ein paar Pilze zu haben, um das Omelette ein wenig zu strecken. Also gingen mein Vater und ich in den kalten, regnerischen Spätnachmittag hinaus, um Pilze zu sammeln. Wir liefen einen schmalen Pfad in den Wald hinauf. Es gab dort viele Pilze und wir füllten unseren kleinen Korb sehr schnell. Wir liefen zurück zum Haus, wo meine Mutter die Pilze säuberte, in kleine Stücke schnitt und mit den Eiern mischte. Als sie das Omelette briet, kamen ihr jedoch Zweifel auf. Sie fragte meinen Vater: „Bist du dir sicher, dass keine dieser Pilze giftig sind?" Mein Vater sah verblüfft aus und war sich dessen offensichtlich nicht sicher. Nach einer Pause antwortete er, dass er nicht bedacht hatte, dass einige Pilze giftig sein könnten. Meine Mutter sagte, dass es das einzig Sichere sei, das Omelette wegzuwerfen.

Auf Ungarisch nennt man giftige Pilze „bolond gomba", was wortwörtlich „verrückte Pilze" oder „verrücktmachende Pilze" bedeutet. Die Bauersfrau war in der Küche, als meine Mutter vorschlug, das Omelette wegzuwerfen und bat sie, dies nicht zu tun. Ihr Neffe lebte ein paar Häuser weiter und alle wussten, dass er schon verrückt war. Deshalb würde es ihm nichts tun, wenn er verrückte Pilze aß. Meine Mutter willigte ein, das Omelette für ihn aufzuheben. Die Frau ging, um den Jungen zu holen und kehrte ein paar Minuten später mit ihm zurück. Er war ein großer junger Mann, der zerzaust aussah und irgendein Kauderwelsch vor sich her redete. Er sah ein bisschen angsteinflößend aus. Ohne jemanden zu begrüßen setzte er sich auf die Bank, nahm die Gabel in die Hand und verschlang das ganze Omelette. Er stand, ohne ein Wort zu sagen, wieder vom Tisch auf und ging hinaus in die kalte Nacht. Die Frau gab uns etwas mehr Brot und Butter und das war unser Abendessen.

In den Wald hinein

Am nächsten Morgen standen wir bei Sonnenaufgang auf und brachen in den Wald auf. Wir hatten jetzt nur noch unsere Rucksäcke, weil wir unsere Koffer zurücklassen mussten. An diesem trostlosen Morgen im späten Oktober war es kalt und es nieselte. Wir waren eine kleine Gruppe, die aus meinem Vater, meiner Mutter, Karči und Manci bestand. Soweit ich wusste, war es unser Plan, eine Gruppe von Partisanen zu finden, die uns dabei helfen würde, uns im Wald zu verstecken und uns der russischen Front zu nähern, die uns befreien würde.

Bevor wir in den dunklen, nassen Wald hineingingen, fragte mein Vater eine Gruppe von Soldaten, ob wir uns ihnen im Wald anschließen dürften. Nachdem er mit mehreren Soldaten gesprochen hatte, kam er mit den Nachrichten zurück, dass diese Soldaten nicht auf dem Weg in den Wald waren. Sie planten, sich zu verstreuen und ihre Waffen und Uniformen wegzuwerfen. Weiterhin beabsichtigten sie, Zivilkleidung anzuziehen und sich anderen Zivilisten, die auf den Straßen waren und auch versuchten, vor den Kämpfen zu fliehen, anzuschließen. Sie hofften, einer Festnahme zu entgehen. Jeder, der in der Armee des Aufstandes gewesen war, wurde sofort hingerichtet, wenn er von den Deutschen oder den faschistischen Slowaken erwischt wurde.

Es blieb uns nichts anderes übrig als allein in den Wald aufzubrechen. Ein junges jüdisches Paar kam zu unserer kleinen Familiengruppe und fragte, ob sie sich uns anschließen könnten. Mein Vater Ignac, der eindeutig zu unserem Anführer geworden war, erklärte ihnen, dass wir keinen bestimmten Plan hatten, aber dass sie sich uns gerne anschließen könnten.

Wir liefen einen Pfad hoch in den Wald hinein, der wie mein Vater sagte für viele Jahre von Holzfällern benutzt worden war. Es zeigte sich bald, dass wir für eine solche Wanderung an einem kalten, verregneten Tag im Spätoktober nicht vorbereitet waren. Wir hatten zwar alle eine Art Regenjacke, aber unsere Kleidung war dennoch ungeeignet für das Wetter. Meine Schuhe durchnässten fast sofort, als wir den Weg auf dem matschigen Pfad begannen. Wir hatten sehr wenig zu Essen bei uns und irgendwie hatten wir auch vergessen, Wasser mitzubringen. Ich war nicht hungrig, aber bald sehr durstig. Glücklicherweise dienten die Rinden der Bäume als Wasserleitungen. So konnten wir mit Geduld und mit der Zunge an der Baumrinde genug Wasser in unseren Mund leiten, um den Durst zu löschen.

Wir, sprich unsere kleine Gruppe, lief für eine lange Zeit auf dem Pfad, ohne irgendeiner Seele zu begegnen. Das Laufen war besonders schwer für meinen Onkel und meine Tante, die in schlechter körperlicher Verfassung waren. Nach mehreren Stunden erschienen drei Männer auf dem Pfad vor uns. Ich erinnere mich an sie als die beeindruckendsten Männer, die ich je gesehen hatte. Alle drei trugen Lederjacken, Ledermützen und robuste Lederstiefel. Mir fielen ihre Stiefel auf, weil ich mir meines leichten Schuhwerkes bewusst war. Sie trugen Maschinengewehre über ihren Schultern und Rucksäcke auf dem Rücken. Mein Vater unterhielt sich lange mit ihnen. Einer der Männer zog eine Kurzwaffe aus seinem Gürtel und feuerte einen Schuss in die Luft. Dies schien eine Art Signal zu sein, denn kurz darauf kamen vier weiter Männer aus dem Wald. Die Gruppe bestand aus jüdischen Partisanen, die nach Rekruten suchten. Nach einigen Diskussionen entschieden sie, dass mein Vater und meine Mutter sich ihnen anschließen sollten, nicht aber das junge Paar, mein Onkel und meine Tante und auf keinen Fall ich. Natürlich stimmten meine Eltern dem nicht zu, die Partisanen verschwanden wieder im Wald und wir setzten unseren Weg fort. Wir trafen noch zwei kleinere Gruppen von Partisanen, aber wie zuvor wollten sie nur meine Mutter und meinen Vater aufnehmen und niemanden sonst aus unserer kleinen Gruppe.

Es war klar, dass unser Plan nicht aufgehen würde. Wir konnten nicht im Wald überleben und uns auch keiner Partisanengruppe anschließen. Wir mussten nach Banská Bystrica zurückkehren und darauf hoffen, mit unseren gefälschten arischen Dokumenten zu überleben. Wir liefen weiter den Pfad hinauf, der sich nach einer Weile in zwei Wege gabelte. Wir nahmen den linken Pfad, der uns, wie mein Vater behauptete, zur Hauptstraße bringen würde. Mittlerweile war es kalt und dunkel geworden. Wir befanden uns noch immer tief im Wald. Es regnete zwar nicht mehr, was unsere Situation erleichterte, aber uns auch unsere einzige Trinkwasserquelle nahm. Wir mussten aus dem Wald gelangen, aber damit mussten wir bis zum nächsten Morgen warten. Ignac sammelte unter hervorstehenden Baumwurzeln und unter großen Felsbrocken etwas trockenes Holz. Es gelang ihm, in einer kleinen Lichtung ein rauchiges Feuer zu entfachen und ein paar nasse Holzscheite als Sitzgelegenheit um das

Feuer zu legen. Das Feuer bot uns für den Großteil der Nacht etwas Wärme.

Ich döste immer wieder ein, aber erinnere mich an eine Episode aus dieser Nacht. Der junge Mann des Pärchens, das sich uns angeschlossen hatte, war sehr mutlos. Er hielt zwei Granaten in den Händen, die er auf dem Weg aufgesammelt hatte. Der Wald war voll mit verlassenen Waffen jeglicher Art. Er sagte immer wieder, dass unsere Situation hoffnungslos sei, dass die Deutschen uns erwischen würden und es das Beste sei, die Granaten ins Feuer zu werfen und uns umzubringen. Nachdem dies für eine Weile so ging, stand mein Vater von seinem Holzscheit auf und bat den Mann, mit ihm vom Feuer zu treten. Später musste er uns von ihrem Gespräch erzählt haben, denn ich wusste, was sich zugetragen hatte. Ignac erklärte ihm, dass wir nicht dazu bereit waren, aufzugeben, aber falls er und seine Frau sich umbringen wollten, würde mein Vater ihnen ein separates Feuer in einiger Entfernung entfachen, in das er dann die Granaten werfen könnte. Der Mann wurde daraufhin still und kehrte zu unserer Gruppe zurück.

Am nächsten Morgen als es genügend Licht gab, wies mein Vater uns an, aufzubrechen. Wir mussten so schnell wie möglich zur Hauptstraße gelangen, um vor Einbruch der Dunkelheit in Banská Bystrica anzukommen. Es gab jedoch ein Problem, denn meine Tante Manci hatte über Nacht ihr Augenlicht verloren. Ob es der Rauch oder eine Art hysterische Blindheit war, wussten wir nicht, aber sie konnte wirklich nicht sehen. Wenn ich mich daran zurückerinnere, bin ich immer noch überrascht, dass niemand in Panik geriet. Mein Onkel Karči, ihr Ehemann, versicherte ihr, dass ihr Augenlicht zurückkommen würde. Wir sammelten schnell unsere Habseligkeiten zusammen und machten uns auf den Weg. Wir wechselten uns damit ab, Mancis Hand zu halten und sie zu führen. Als ich sie führte, kamen wir zu einem kleinen Graben. Ich führte sie vorsichtig hinab und half ihr wieder hinaufzuklettern. In dieser Rolle fühlte ich mich sehr nützlich und effektiv. Als der Tag voranschritt, kam Mancis Sehsinn langsam wieder zurück und am Nachmittag konnte sie wieder allein laufen.

An einem Punkt während unserer Wanderung durch den Wald lief ich an der Spitze unserer kleinen Gruppe. Wir kamen zu einer Wiese, einer großen gerodeten Fläche mit einem Rest von Baumstümpfen, wahrscheinlich das Ergebnis von Holzfällertätigkeiten. Überall wo ich hinsah lagen Waffen, Maschinenpistolen, Gewehre, Bajonette und weggeworfene Uniformen. Wahrscheinlich hatte ein Trupp Soldaten diesen Ort genutzt, um aus der Armee des Aufstandes auszusteigen. Ich hob eine der Maschinenpistolen auf. Ich kann immer noch das Gewicht der Waffe spüren, und obwohl ich nur eine wage Idee hatte, wie man diese Waffe benutzen würde, gab es mir ein Gefühl von Freiheit und Macht, sie zu halten. Fast sofort rannte meine Mutter zu mir, riss mir die Waffe aus der Hand und warf sie ins Gebüsch. Sie befahl mir, nicht noch mal eine Waffe aufzuheben. Sie erklärte mir, wenn eine deutsche Patrouille vorbeikäme und mich mit einer Waffe sehen würde, würden sie unsere ganze Gruppe erschießen.

Auf der Suche nach dem richtigen Pfad lief Ignac vor. Schließlich fand er einen Weg, der uns aus dem Wald an eine Straße führte. Wir schlossen uns einer kleinen Gruppe von Menschen an, die so schienen, als wüssten sie, wohin sie gingen. Ich erinnere mich daran, dass ich nass und müde war. In den Schlaglöchern auf der Straße hatten sich Pfützen mit Regenwasser gebildet. Als ich nach unten schaute, sah ich einen gerissenen Sack in einer Pfütze liegen. Die Schrift war immer noch lesbar: 1 kg Zucker. Der Zucker war verschüttet, löste sich im Wasser auf und begann sich mit dem Matsch zu vermischen.

Bald erreichten wir eine kleine Stadt, in der erstaunlicherweise ein Zug auf die Abfahrt nach Banská Bystrica wartete. Wir kamen vor Einbruch der Dunkelheit in Banská Bystrica an. Ab dann mussten wir alle sofort unsere gefälschte arische Identität annehmen. Wir erfuhren, dass der Befehl zur Deportation aller Juden aus von Deutschland kontrollierten Regionen in Konzentrationslager aktiv und mit großem Eifer umgesetzt wurde. Wir mussten uns trennen. Doch wieder einmal war es leicht, ein Zimmer zu mieten. Es gab nur wenige bezahlte Positionen, also waren die meisten Leute dazu bereit, zusätzlich Geld damit zu verdienen, einen Teil ihres Zuhauses zu vermieten.

Meine Mutter und ich mieteten ein Zimmer im alten Teil von Banská Bystrica in einer Pension, die einem Mann mittleren Alters mit nur einem Bein gehörte. Das andere Bein war aufgrund einer Verletzung, die er sich im Ersten Weltkrieg zugezogen hatte, amputiert worden. Er war Witwer und lebte allein in dem alten Haus, das keine Sanitäranlagen im Haus besaß. In seinem vernachlässigten, von Unkraut überwucherten Garten befand sich ein Plumpsklo und ein durch eine Handpumpe betriebener Brunnen. Zu dieser Zeit waren wir seine einzigen Gäste. Unser kleines gemietetes Zimmer hatte ein schmales Bett, das meine Mutter und ich uns teilten. Ich hatte Angst vor unserem neuen

Vermieter, der für gewöhnlich finster dreinschaute und einen wütenden Gesichtsausdruck hatte.

Gelegentlich lächelte er, wenn er meine Mutter sah, aber mich schien er nicht zu mögen. Er hatte eine Beinprothese, die er nur selten trug. Meist hing sie an einem Haken in der Diele und er benutze stattdessen Krücken zum Gehen. Mein Vater mietete ein Zimmer in einer Pension, mehrere Blöcke entfernt von unserer Bleibe und meine Tante und mein Onkel kehrten zu dem Bauernhof zurück, in dem sie vor dem Aufstand gelebt hatten.

Am nächsten Tag ging ich nach draußen in einen großen abgezäunten Hinterhof, der an die Pension angrenzte. Es war kalt und der Boden war gefroren. Vier Jungs – alle älter als ich – standen dort in einem Kreis und hatten ihre Penisse aus den Hosen geholt, um zu masturbieren. Als sie mich sahen, drängten sie mich, ihnen nachzutun. Ich wusste, was sie vorhatten. Sie wollten sehen, ob mein Penis beschnitten war, was mich als Juden kennzeichnen würde, wofür sie eine Belohnung bekommen könnten. Als ihr Drängen stärker wurde, rannte ich zurück ins Haus und erzählte meiner Mutter, was passiert war. Meine Mutter untersuchte meinen Penis und zog die Haut über die Spitze. Sie schaffte es, die Spitze zu bedecken und drückte die Haut zusammen, in der Hoffnung, dass sie so bleiben würde. Dieses Manöver funktionierte jedoch nicht, denn sobald sie losließ, glitt die Haut wieder von der Spitze. Es ging nicht anders. Meine Mutter hielt mich dazu an, meinen Penis immer versteckt zu halten, doch das wusste ich schon.

Jahrzehnte später, als ich die kanadische High-School besuchte, stellte ich in der Dusche nach dem

Sportunterricht mit Erstaunen fest, dass fast alle Jungs sowohl jüdischer als auch nicht-jüdischer Herkunft beschnitten waren. Ein Merkmal, das in Europa zum Tod führen konnte, hatte hier keinerlei Folgen.

Meine Mutter trat der Bibliothek bei und brachte für uns beide Bücher mit nach Hause. Ich verbrachte die meisten Tage damit zu lesen. Sie hatte mit Ignac vereinbart, dass wir uns jeden Tag für 20 Minuten in einem der kleinen Parks oder öffentlichen Plätze, die über die Stadt verstreut lagen, treffen würden. Manchmal liefen wir zu diesen Treffen, aber meistens nahmen wir den Bus. Diese Treffen mit meinem Vater waren immer der Höhepunkt meines Tages.

Der Tod Ignacs

Wir gewöhnten uns an diese Routine, die ungefähr einen Monat andauerte. An einem Tag im frühen Dezember (später fand ich heraus, dass es der 7. Dezember 1944 war) saßen meine Mutter und ich auf einer Parkbank und warteten auf Ignac. Wir warteten mehr als eine Stunde, aber er kam nicht. Meine Mutter war aufgelöst, und ich war sehr traurig und ängstlich. Wir wussten beide, dass er erwischt oder verhaftet worden war. Den ganzen nächsten Tag saßen wir auf einer Bank in einem kleinen Park gegenüber von dem Gebäude, das sowohl als Polizeipräsidium als auch als Stadtgefängnis genutzt wurde. Wir hofften, auf diese Weise etwas über Ignacs Schicksal herauszufinden. Im Nachhinein war das vielleicht nicht die weiseste Entscheidung. Hätte uns jemand dort bemerkt und gemeldet, wären wir ebenfalls verhaftet worden.

Am späten Morgen öffnete sich das große Tor des Gebäudes und ungefähr 50 Männer wurden von bewaffneten Soldaten wegmarschiert. Unter ihnen war an der Spitze der Gruppe auch Ignac. Meine Mutter sprang auf und rannte der Gruppe hinterher. Ein Gesang erhob sich, der wahrscheinlich von meinem Vater begonnen worden war, „Gei avek! Gei avek! Geh weg! Geh weg!" Meine Mutter hörte auf, der Gruppe nachzurennen und kehrte zur Parkbank zurück, auf der ich saß. Sie hielt mich in ihren Armen und schluchzte für eine lange Zeit.

Nach dem Krieg kehrten meine Mutter und ich kurz nach Banská Bystrica zurück und gingen zum Polizeipräsidium, um nach Ignac zu fragen. Der Angestellte an der Rezeption war sehr unhöflich. Auf die Frage meiner Mutter antwortete er, dass Ignac sicherlich tot sei und dass sowieso zu viele von uns Juden überlebt hätten.

Im Juli 2018 erhielt ich auf meinem Anrufbeantworter eine Nachricht von Dušan Hudec, einem Filmemacher und Produzenten aus Bratislava. Er fragte, ob ich ihn zurückrufen könne, weil er Neuigkeiten zu Ignac habe. Natürlich rief ich ihn sofort zurück. Hudec sammelte Informationen zu der Ermordung von etwa 900 Menschen, hauptsächlich Juden, die nach dem Slowakischen Nationalaufstand in und um Banská Bystrica gefangen genommen worden waren.

Die faschistischen slowakischen Behörden hatten detaillierte Einträge über die Gefangenen geführt. In diesen Akten hatte er auch den Namen meines Vaters, Ignac Mandel, gefunden. Ein separater Eintrag zeigt auch den Tag seiner Festnahme, den 7. Dezember 1944.

Polizeiliche Verhaftungsakte meines Vaters Ignac Mandel.

Einige Jahre zuvor hatte ich während meines Trips nach Jerusalem das Holocaust Museum Yad Vashem in Israel besucht. Dort füllte ich ein Formular aus, in dem ich alle meine Verwandten listete, die im Holocaust ermordet worden waren. Ich hielt dort auch meinen Stiefvater Ignac Mandel fest. Dieser Eintrag führte den Filmemacher dazu, mich anzurufen, um mir die Details zum Tode Ignacs zu erzählen.

Gegen Ende Dezember 1944 fasste das Gefängnis in Banská Bystrica ungefähr 900 Gefangene, Männer, Frauen und Kinder, alle jüdischer Herkunft, die nach dem Aufstand gefangen genommen worden waren. Am 4. Januar 1945 begannen sie die Gefangenen zu ermorden. Innerhalb der nächsten Woche ermordeten sie den Großteil von ihnen. Während sie saubere und detaillierte Einträge über die Verhaftungen führten, versuchten die für die Ermordungen verantwortlichen Behörden, diese geheim zu halten. Sie transportierten die Gefangenen mit dem Bus an den Rand eines nahegelegenen Dorfes mit

Namen Nemecká, ungefähr 22 km von Banská Bystrica entfernt.

Am Rand von Nemecká lag ein Kalkbrennofen.[2] Hier wurden die Opfer erschossen und in den brennenden Ofen geworfen. Die Henker warfen Pech in das brennende Feuer, um den Gestank von verbranntem Fleisch zu verstecken. Es wurde oft berichtete, dass man Babys lebend ins Feuer warf, um Kugeln zu sparen. Anfänglich wurden die Ermordungen von einer Truppe des deutschen Einsatzkommandos und Mitgliedern der Hlinka Garde des slowakischen Regimes durchgeführt, doch später wurden die Morde vollständig von der Hlinka Garde übernommen. Die Soldaten wurden dazu angehalten, die Morde streng geheim zu halten, aber die Ermordungen wurden schnell allgemein bekannt. Nach den Ermordungen gingen die Soldaten in die örtlichen Bars und prahlten mit ihren Taten. An den meisten Tagen gingen sie auch in den umliegenden Dörfern von Tür zu Tür, um die Habseligkeiten zu verkaufen, die sie von den Ermordeten gestohlen hatten.

Nachdem mein Vater in seinen Tod wegmarschiert worden war, versuchten meine Mutter und ich unser Leben in Banská Bystrica fortzusetzen. Jedoch zwangen uns zwei schnell aufeinanderfolgende Ereignisse wieder auf die Flucht. Der Mann, der uns das Zimmer vermietete, war ein garstiger und wütender Mann, der den Verlust seines Beins auf die Juden schob. Er hasste Juden mit einer teuflischen Leidenschaft und er begehrte meine Mutter. Ein paar Tage nach der Festnahme meines Vaters erzählte er meiner Mutter, er glaube, sie sei Nicht-Jüdin und ich nicht ihr Neffe, sondern ein jüdischer Junge, den sie beschützte. Er sagte, er habe mich beobachtet, und immer, wenn ich aufs Klo ging, nahm ich ein Buch mit. Er schloss niemand außer einem jüdischen Kind würde auf die Toilette gehen und lesen. Meine Mutter tat empört und sagte ihm, sie würde zur Polizei gehen und ihn wegen Belästigung anzeigen. Ich erinnere mich wage daran, dass es ein Gesetz dagegen gab, jemanden fälschlicherweise als Juden zu beschuldigen und diese Gefahr schien ihn für ein paar Tage ruhig zu stellen.

Aber es drohte ein anderes Problem. Unser Vermieter hatte uns als Mieter in seinem Haus eintragen lassen. Deshalb mussten wir am nächsten Tag im Polizeipräsidium erscheinen, um unsere Ausweisdokumente anerkennen zu lassen. Dies war nicht ungewöhnlich, löste jedoch bei uns große Angst aus. Wir gingen früh am Morgen zur Polizei für die Anerkennung unserer Dokumente. Wir waren unter den ersten an diesem Morgen und rasch wurde der Name meiner Mutter aufgerufen. Meine Mutter und ich wurden in ein kleines Büro geführt, in dem ein großer uniformierter Polizist hinter einem Schreibtisch saß. Wir saßen auf Holzstühlen und ich erinnere mich daran, dass meine Füße den Boden nicht berührten und seltsam halb in der Luft hingen. Meine Mutter reichte dem Polizisten unsere Dokumente und der Polizist lehnte sich in seinem Stuhl zurück und schaute sie sich für eine lange Zeit an. Dann sah er meine Mutter an und sagte: „Ich weiß, dass du nicht Anna Hricakova bist. Anna und ich kamen aus demselben Dorf und ich war fast ein Jahr lang ihr Liebhaber. Aber du bist eine schöne Frau und ich will dir helfen. Wenn du zu mir kommst und bei mir einziehst, werde ich dich und deinen Jungen beschützen."

Meine Mutter täuschte Vorfreude und Dankbarkeit vor und sagte, sie würde ihre Sachen packen und ihn am

Nachmittag vor dem Gebäude treffen. Sie fragte, ob er bereits unsere Dokumente anerkennen könnte, was er auch tat. Auf dem Weg nach draußen fragte ich meine Mutter, was all dies zu bedeuten hatte. Sie erklärte mir, dass der Polizist wollte, dass meine Mutter so tat, als wäre sie seine Ehefrau. Sie erklärte mir dies in sehr einfachen Worten und ich verstand mehr oder weniger, was sie damit meinte. Sie sagte, dass sie das nie tun würde und dass es sehr gefährlich für uns sei.

Wir eilten zu unserem gemieteten Zimmer zurück, packten schnell unsere wenigen Habseligkeiten zusammen und nahmen eine Straßenbahn zum Bahnhof. Meine Mutter kaufte Tickets für den ersten Zug, der Banská Bystrica verließ und nach Bratislava in die Hauptstadt der Slowakei fuhr.

---

1. Die Umwandlung ist denkbar einfach. Holz wird unter sauerstoffarmen Bedingungen verbrannt, wobei Kohlenstoffmonoxid und Wasserstoffgase entstehen. Diese Gase werden dann komprimiert und in die Zylinder des Motors gegeben, wo sie unter sauerstoffreichen Bedingungen entzündet und dann verbrannt werden, auf die gleiche Weise wie Kraftstoffdämpfe in einem normalen Verbrennungsmotor.
2. In Friedenszeiten wurde Kalziumkarbonat $CaCO_3$ (Kalkstein) bei einer hohen Temperatur von etwa 1000 Grad Celsius in Kalziumoxid (Kalk CaO) umgewandelt. Dies ist ein Material, das für eine Vielzahl von industriellen und landwirtschaftlichen Anwendungen eingesetzt wird.

9

BRATISLAVA

Der Zug kam am späten Abend in Bratislava an. Alle Passagiere und so auch wir stiegen aus und liefen eine große Treppe hinab in den großen Warteraum mit einer hohen Kuppel. Ich erinnere mich noch an das ausgeprägte Gefühl von Angst und Vertreibung. Alle schienen zielstrebig zu laufen und ein klares Ziel zu haben. Manche von ihnen hatten Freunde, die auf sie warteten und sie willkommen hießen. Wir konnten nirgends hin. Wir waren nur in Bratislava, weil es die Endstation des Zuges war. Ich erinnere mich an die große Bahnhofsvorhalle und an die große Uhr an der hinteren Wand, die ein paar Minuten nach 11 anzeigte. Wir waren beide noch nie in Bratislava gewesen und wussten weder wohin mit uns noch was uns hinten den Türen, durch die die Menschen gingen, erwarten würde.

Bratislava war damals schon die Hauptstadt der Slowakei. Als wir dort Ende des Jahres 1944 ankamen, hatte die Stadt etwa 200.000 Einwohner. Weder meine Mutter noch ich waren je in einer so großen Stadt gewesen. Wir wollten keine Aufmerksamkeit damit erregen, dass wir deutlich verwirrt waren, aber wir hatten keine andere Wahl. Wir setzten uns mit unseren zwei kleinen Koffern zu Füßen auf eine der vielen polierten Bänke. Es wurden immer weniger Passagiere, die den Bahnhof durch die Türen verließen und bald waren wir fast allein. Eine junge Frau, wie ich später herausfand, war sie 22 Jahre alt, die einen Koffer trug, kam zu uns herüber: „Ihr seht aus, als könntet ihr etwas Hilfe gebrauchen. Habt ihr einen Platz zum Übernachten?", fragte sie. „Wir haben keinen Übernachtungsplatz", antwortete meine Mutter. „Ihr könnt bei mir bleiben", antwortete sie. Wenn ich mich recht erinnere, sagte sie uns, ihr Name sei Helena.

Wir nahmen unsere Koffer und folgten ihr durch die Türen in die eisige Kälte. Wir nahmen eine Straßenbahn, stiegen im Zentrum der Stadt aus und liefen zu ihrer Wohnung. Die Schneewehen waren fast so groß wie ich und hatten Gräben, die sie miteinander verbanden. Die Kinder, so erzählte uns Helena, benutzten die Gräben zwischen den Schneewehen in einer Art Versteckspiel. Ich erinnere mich genau an das Straßenschild mit der Aufschrift Židovska Ulica, jüdische Straße. Diese Straße muss Teil eines alten mittelalterlichen jüdischen Ghettos gewesen sein.

Die Geschichte der Juden in Bratislava ähnelt der vieler europäischer Gemeinden. Die Juden waren im 11. Jahrhundert als Handelsleute und Händler in die Region gekommen. Die jüdische Präsenz wurde im Jahr 1291 in der Stadtverfassung verankert, die den Juden das Recht gab, innerhalb der Stadtmauern zu leben. Lokale Unruhen machten den Juden das Leben schwer. Aus meiner Kindheit erinnere ich mich an das slowakische Sprichwort „bida tak do Žida" („Wenn es Ärger gibt, greife den Juden an"). Im Jahr 1596, nach einer verlorenen

Schlacht gegen die Osmanen, wurden die Juden aus den slowakischen Städten, darunter auch Bratislava, vertrieben. Hundert Jahre später, als sich die regionale Lage beruhigt hatte, kehrten die Juden zurück und bauten ihre Gemeinden wieder auf. Als wir im Dezember 1944 auf der Židovska Ulica liefen, gab es keine offen lebenden Juden in der Slowakei mehr. Ich erinnere mich daran, wie seltsam es war, das Schild mit Židovska Ulica zu sehen. Erst wurden wir ständig beschimpft, weil wir jüdisch waren und nun schwebten unsere Leben in Gefahr, weil wir Juden waren, die sie vernichten wollten, und hier gab es nun also eine Straße, die offen in unserem Namen gekennzeichnet war.

Jahrzehnte später, als ich Bratislava mit meinem Sohn Michael besuchte, fanden wir nur noch ein paar wenige Spuren dieser Nachbarschaft. Der Großteil davon war abgerissen worden, um Platz für eine neue Brücke über die Donau zu schaffen. Bratislava war nun zu einer Stadt mit etwa 400.000 Einwohnern gewachsen, und obwohl die Stadt klein war, schien sie eine gewisse Grandeur zu haben. Die Stadt hatte eine lange Verbindung mit dem ungarischen und österreichischen Adel und über die Jahrzehnte hinweg waren viele Herrenhäuser, Theater, Konzertsäle, Monumente und weitläufige Parks gebaut worden.

Helena lebte in einem kleinen Zimmer in einer Zwei-Zimmerwohnung, die sie sich mit einer älteren Frau teilte. Die beiden Räume lagen hintereinander. Vom Flur aus lief man direkt in Helenas Durchgangszimmer, das mit dem zweiten Zimmer, in dem ihre Mitbewohnerin lebte, verbunden war. Die Küche grenzte an das zweite Zimmer an und das Badezimmer war von der Küche aus zu erreichen. Als wir spät wie es war, dort ankamen, saß

Helenas Mitbewohnerin aufrecht am Klavier und spielte ein schönes Stück, es war *Für Elise*. Sie bemerkte kaum, dass wir eingetreten waren, und ich erinnere mich nicht daran, dass sie je mit Helena oder uns sprach. Helena erzählte uns, dass sie Klavierlehrerin gewesen war, aber dass sich nun nur sehr wenige Menschen Klavierunterricht leisten konnten. Ich hatte den Eindruck, dass sie jeden Tag am Klavier saß und immer nur *Für Elise* spielte.

Die Melodie ruft in mir immer noch das Gefühl von damals wach: den Eintritt aus der bitteren Kälte in einen warmen Unterschlupf und die Erleichterung über den Anschein von Sicherheit, den das Zimmer bot. In Helenas Zimmer stand ein großes Doppelbett, das den Großteil des Raumes ausfüllte, sowie ein kleiner runder Tisch mit drei Stühlen drum herum.

In dieser Nacht und für die nächsten drei Monate schliefen wir drei zusammen in diesem Bett, Helena auf der einen Seite, meine Mutter auf der anderen und ich in der Mitte. Ich erinnere mich noch daran, wie ihr Nachthemd hochrutschte und ich ihren nackten Hintern an meinem Körper spürte. Jeden Abend ertönte *Für Elise* von nebenan, weil die Klavierlehrerin bis spät in die Nacht hinein spielte.

Als wir in Bratislava ankamen, hatten wir fast kein Geld mehr. Unser einziger Besitz, den wir verkaufen konnten, war eine Leica Kamera, die meinem Onkel Karči gehört hatte und die irgendwie in unseren Besitz gelangt war. Helena erzählte uns von einem Ort, der am Rande eines Parks in der Nähe des Stadtzentrums lag, an dem solche Dinge verkauft oder gehandelt werden konnten. Also nahmen meine Mutter und ich am Tag nach unserer

Ankunft die Straßenbahn zu diesem Park. Nachdem wir mit ein paar Fremden gesprochen hatten, die dort herumstanden und als Zwischenhändler für Transaktionen zu agieren schienen, kam ein großer junger Mann auf uns zu und kaufte die Kamera. Auf dem Weg nach Hause machten wir bei einem Metzger Halt und kauften etwas Fleisch fürs Abendessen. Wir besaßen keine Lebensmittelkarte, also mussten wir den Schwarzmarktpreis bezahlen. Ich erinnere mich daran, wie meine Mutter sagte, dass dieser Preis viel höher war als in Banská Bystrica.

Wir aßen die meisten unserer Mahlzeiten mit Helena und meine Mutter wechselte sich mit ihr mit dem Kochen ab. Ab und an gesellte sich Helenas männlicher Freund zu uns und brachte ein paar zusätzliche Zutaten mit. Meine Mutter freundete sich mit Helena an und die beiden verbrachten viel Zeit miteinander. Von ihren vielen leisen Gesprächen schloss ich, dass Helena oft Probleme mit ihrem Freund hatte und dass meine Mutter ihr eine Ratgeberin und Vertrauensperson war.

Ein paar Tage nachdem wir in Bratislava angekommen waren, sahen wir in einer kleinen Schneiderei in der Nähe ein Schild, auf dem „Aushilfe gesucht" stand. Wir liefen in das Geschäft und fanden einen pummeligen Mann mittleren Alters, der eine Nähmaschine bediente. Der Mann stand auf und begrüßte uns. Auf Nachfrage meiner Mutter hin erklärte er uns, dass er der Ladenbesitzer war und eine Assistenz suchte. Meine Mutter sagte ihm, dass sie den Job gerne hätte. Er bat sie darum, ihre Fähigkeiten zu demonstrieren, indem sie ein paar Knöpfe annähte und einen Rock säumte. Nach ungefähr einer halben Stunde gab er ihr die Stelle. Meine Mutter legte daraufhin fest, dass ich bei ihr bleiben müsse, während sie arbeitete und dass ich sehr leise sein würde. Das war nicht schwer für mich. Helena arbeitete in einem Bücherladen und brachte mir mehrere Bücher zu lesen mit nach Hause. Als ich mit einer Reihe Büchern fertig war, brachte sie mir andere, sodass ich einen ständigen Lesenachschub hatte. Ich verbrachte den Großteil meiner Zeit damit zu lesen. Und genau das tat ich auch, als ich in der Ecke der Schneiderei saß.

An einem Sonntagnachmittag kaufte meine Mutter als besonderes Vergnügen Karten für einen Film, der als Märchenfilm wie Schneewittchen beworben worden war. Als wir uns hinsetzten und der Saal dunkel wurde, wurde aus irgendeinem Grund ein anderer Film gezeigt. Es war ein deutscher Propagandafilm, der die Rehabilitation von verwundeten deutschen Soldaten mit Armprothesen zeigte, die in einem Schwimmbad herumtobten. Ich erinnere mich noch an eine Prozedur, die die Dokumentation stolz darstellte. Aufgrund einer Explosion musste die Hand eines Soldaten amputiert werden. Die beiden Knochen, Elle und Speiche, die die Hand mit dem Ellbogen verbinden, wurden mit einem Schnitt voneinander getrennt. Die Muskeln und Sehnen wurden neu angeordnet, sodass die beiden Knochen eine Art Zange formten. Der verletzte Soldat konnte nun Gegenstände aufheben und manipulieren, die er zwischen den beiden Knochen hielt, die sich zueinander bewegten. Er konnte mit seinem rekonstruierten Arm sogar eine Zigarette halten. Diese Prozedur und ihr Ergebnis bereiteten mir ein mulmiges Gefühl. Ich hoffte die ganze Zeit, dass dies nur ein kurzer Nachrichtenbeitrag sei und dass der angekündigte Film bald anfinge. Aber der Film begann nie. Als die

Dokumentation vorbei war, liefen wir hinaus in die kalte Dunkelheit des frühen Winters.[1]

Während unseres zweiten Monats in Bratislava kam ein älterer deutscher Soldat in die Schneiderei und brachte mehrere Paare Hosen zur Änderung und Reinigung. Er bemerkte meine Mutter und kam herüber, um Hallo zu sagen. Sie sprachen für ein paar Minuten miteinander. In gebrochenem Slowakisch stellte er ihr ein paar Fragen und meine Mutter tat so, als spräche sie nur rudimentäres Deutsch. Sie erklärte mir, dass er unter dem Befehl eines hochrangigen Gestapo-Offiziers stand. Am nächsten Tag kam er zurück und brachte uns einen Laib Brot und etwas Butter. Für den Rest unseres Aufenthaltes in Bratislava kam dieser ältere Soldat mehrere Male in die Schneiderei und brachte uns immer etwas zu essen: meistens Brot und manchmal Käse oder Salami.

Unser verhältnismäßig friedlicher Aufenthalt in Bratislava kam Mitte Februar 1945 zu einem abrupten Ende. Wie immer änderte meine Mutter ein Kleidungsstück und ich saß in einer Ecke und las eines der Bücher, das Helena mir aus dem Laden mitgebracht hatte, als ein gut gekleideter deutscher Offizier in Begleitung des älteren Soldaten unter seinem Befehl, den wir bereits kennengelernt hatten, den Laden betrat. Er sprach für eine Weile mit meiner Mutter und verließ danach mit seiner Ordonnanz das Geschäft. Der Offizier hatte uns zu einem Abendessen eingeladen, das er an diesem Abend veranstaltete. Wir würden von dem älteren Soldaten am frühen Abend abgeholt werden. Wir zogen uns so gut an wie nur möglich. Meine Mutter bügelte mein Hemd, meine Hose und ihren Rock, was so ziemlich alles war, was wir tun konnten.

Pünktlich um 6 Uhr holte uns der ältere Soldat im schicksten Auto, das ich je gesehen hatte, ab. Nach einer kurzen Fahrt kamen wir bei einem großen Haus mit Ringauffahrt an. Der Soldat öffnete die Autotür für uns und zwei Bedienstete führten uns in die Villa. Wir waren die ersten, die dort ankamen, und der Gestapo Offizier, der angeben wollte, gab mir und meiner Mutter eine Hausführung. Ich kann mir ein paar Details wie die breite Treppe, die schönen Teppiche und Kunstwerke immer noch bildlich vorstellen. Später fand ich heraus, dass die Villa einem erfolgreichen jüdischen Handelsmann gehört hatte, der zusammen mit seiner Familie nach Auschwitz deportiert worden war.

Zwei weitere deutsche Offiziere kamen mit ihren Freundinnen zum Abendessen. Wir wurden von zwei Kellnern bedient. Ich erinnere mich nicht daran, was wir zu Abend aßen, aber ich weiß noch, dass ich dachte, vielleicht noch nie so gut und reichlich gegessen zu haben.

Nach dem Abendessen bat der Offizier meine Mutter, ihn in das Wohnzimmer zu begleiten. Sie kam nach ein paar Minuten wieder, als der Nachtisch serviert wurde. Dann wurden wir nach Hause gefahren. Meine Mutter erzählte mir, dass der Soldat ihr ein ähnliches Angebot gemacht hatte wie der Polizist in Banská Bystrica. Meine Mutter hatte das Angebot angenommen und hatte dem Offizier versprochen, sie würde am nächsten Abend wiederkommen. Sie sagte mir, dass wir Bratislava früh am nächsten Morgen verlassen würden. Als wir zurück zu Helenas Wohnung kamen, war sie noch wach und neugierig, was sich zugetragen hatte. Zu diesem Zeitpunkt wusste Helena bereits, dass wir jüdisch waren, und so war unsere Entscheidung, Bratislava so schnell wie möglich zu verlassen, keine Überraschung für sie. Am nächsten Morgen nahm Helena mit uns die Straßenbahn zum Bahnhof und meine Mutter kaufte Fahrkarten für den ersten Zug, der Bratislava verließ. Dies war zufällig der Zug nach Žilina, eine Stadt etwa 190 km nordöstlich von Bratislava. Meine Mutter und ich berieten uns über dieses Ziel und ich bemerkte, je weiter nordöstlich in Richtung der polnischen Grenze wir fuhren, desto wahrscheinlich war es, dass wir von der sich nähernden sowjetischen Armee befreit werden würden. Žilina erschien wie unser perfektes Ziel, da die Stadt in der richtigen geographischen Richtung lag und relativ groß war. Der Zug dorthin fuhr bald ab.

Obwohl die Züge den Krieg hindurch fuhren, waren die Fahrpläne unzuverlässig. Oft wurden Gleise durch Bombenangriffe oder Sabotage zerstört und Treibstoffmangel hielt die Züge auf. Diesmal wurde unser Zug nach Žilina in eine kleine Stadt namens Turčianske Teplice umgeleitet.

Der Schaffner kündigte an, dass der Zug aufgrund von Gleisproblemen für unbestimmte Zeit verspätet war. Neben mir und meiner Mutter stiegen noch ungefähr zehn weitere Menschen aus und wir liefen zu einem kleinen Restaurant, das an den Wartebereich des Bahnhofs angrenzte. Als wir dort eintraten, war das Restaurant leer bis auf zwei uniformierte Polizisten, die dort an einem Tisch mit Blick auf die Gleise frühstückten. Das Restaurant hatte nur wenige Tische, die eng beieinanderstanden. Wir setzten uns einen Tisch weiter von den Polizisten und meine Mutter bestellte uns etwas zu essen. Es gab keine große Auswahl. Ich glaube, wir aßen Brot und Käse und tranken Tee.

In Friedenszeiten war Turčianske Teplice ein beliebter Kurort gewesen, dessen Wasser man nachsagte, dass es eine Vielzahl von Erkrankungen heilte.[2] Zu dieser Zeit des Aufruhrs hatte die Stadt jedoch nur noch 1.500 Einwohner und war somit zu klein für uns, um unbemerkt und unverdächtig zu bleiben. Wir mussten so schnell wie möglich weg von hier. Meine Mutter stand auf und bat mich, auf sie zu warten, während sie am Ticketschalter fragte, ob es möglich war, unsere Reise nach Žilina fortzusetzen.

Einer der Polizisten stand auf und kam zu mir herüber: "Du sprichst Jiddisch?" Ich verstand die Frage zwar, aber es war offensichtlich, dass er damit herausfinden wollte, ob ich jüdisch war. Also antwortete ich: „Ich weiß nicht, was Sie gesagt haben."

Der Polizist kehrte zu seinem Tisch zurück, setzte sich wieder und sagte leise zu seinem Partner, sodass ich ihn trotzdem verstand: „Ich weiß, dass diese Frau und dieser Junge jüdisch sind, aber ich möchte ihnen gerne helfen." Der zweite Polizist entgegnete etwas in der Art, dass er nichts dagegen habe.

Damals war den meisten Menschen in der Slowakei bereits bewusst, dass die Deutschen und die slowakische faschistische Regierung kurz vor der Niederlage standen. Das Schicksal der meisten Juden, die unter ihnen gelebt hatten, war auch allgemein bekannt. Nichtsdestotrotz war ein großer Teil der Bevölkerung weiterhin darauf aus, alle Juden ermorden zu lassen, die sie finden konnten. Ob aus Schuldgefühlen, Mitleid oder Angst waren nun viele Menschen weniger geneigt, aktiv an den Ermordungen teilzunehmen und halfen den Juden eher zu überleben.

Kurz darauf kehrte meine Mutter in das Restaurant zurück und setzte sich neben mich. Sie sah beunruhigt aus und erklärte mir, dass sie nicht wisse, wie wir aus Turčianske Teplice wegkommen sollten. Der Fahrplan hing davon ab, wie schnell das Gleis repariert werden konnte und weil wir uns nicht auf einer Hauptverkehrslinie befanden, wurde diese Reparatur nicht priorisiert.

Ich sagte ihr, dass ich aufs Klo musste und fragte, ob sie mit mir kommen würde. Die Toiletten waren außerhalb des Restaurants in einem anderen Gebäude. Sobald wir draußen waren, erzählte ich meiner Mutter von dem Gespräch zwischen den beiden Polizisten und dass ich dachte, dass wir ihnen vertrauen konnten.

Wir kehrten ins Restaurant zurück und setzten uns wieder an unseren Tisch. Der Polizist, der zuvor mit mir gesprochen hatte, kam nun, um mit meiner Mutter zu sprechen. Er sagte ihr, was sie bereits wusste: Wir saßen in Turčianske Teplice fest und keiner wusste für wie lange. Er fuhr fort, dass er uns in ein kleines Dorf namens Rakša bringen könnte, das in seinem Zuständigkeitsbereich lag, wo wir sehr wahrscheinlich bis zum Ende des Krieges sicher sein würden. Meine Mutter nahm sein Angebot dankend an. Er sagte, dass das Polizeiauto bei seinem Kollegen bleiben müsse, aber dass der Weg, der nach Rakša führte, ohnehin nicht für Autos geeignet war. Er versicherte uns, wir könnten in weniger als zwei Stunden nach Rakša laufen. Der Polizist legte das Gewehr über die Schulter, nahm unsere zwei kleinen Koffer und so wir machten uns auf einem schmalen Pfad, der eher einem Wanderpfad glich, auf den Weg nach Rakša.

———————————

1. Ein interessanter Zufall wollte es, dass ich letztes Jahr eine deutsche Serie über das Berliner Krankenhaus Charité während des Zweiten Weltkrieges sah. Als Teil einer Folge wird den Ärzten im Krankenhaus ein kleiner Ausschnitt eines Propagandafilms gezeigt. Ich erkannte den gezeigten Ausschnitt sofort als Teil der deutschen Propagandadokumentation, der wir an jenem Sonntagnachmittag ausgesetzt waren.
2. Turčianske Teplice bedeutet türkische warme Bäder.

10

RAKŠA

Nach ungefähr anderthalb Stunden zu Fuß erreichten wir Rakša, ein winziges primitives Dorf mit kleinen Häusern, die Strohdächer und Wände aus getrockneten Lehmziegeln hatten. Irgendwie erinnere ich mich daran, dass im Dorf ungefähr 100 Einwohner lebten. Jedes Haus war von einem kleinen eingezäunten Grundstück umgeben. Hühner rannten umher und manche Häuser hatten kleine Scheunen, in denen eine Kuh oder ein Pferd stand. Es führten keine Straßen nach Rakša, abgesehen von dem Wanderweg aus Turčianske Teplice, auf dem wir gekommen waren. Es gab keine Elektrizität und keine Rohrleitungen und gewiss keine Telefone – praktisch keinen Kontakt zur Außenwelt. Ich erfuhr später, dass die Bauern aus Rakša einmal in der Woche ihre übrig gebliebenen Erzeugnisse, sprich Gemüse, Hühner und ab und an ein Schwein zum Markt in Turčianske Teplice mitnahmen und dort in Geschäften die Ware einkauften, die sie benötigten.

Als wir ankamen, war im Dorf sehr viel los. Männer und Frauen fütterten Tiere, Menschen schaufelten Schnee von den Pfaden, die die Häuser miteinander verbanden. Die Häuser waren nicht auf gerade angelegten Straßen, sondern kreuz und quer verstreut gebaut worden. Die Leute, die wir trafen, schauten uns neugierig an, aber jeder kannte den Polizisten und grüßte ihn freundlich.

Der Polizist führte uns direkt zu einem Haus, das größer war als die meisten anderen und erklärte uns, dass dies das Haus des Ortsvorstehers war. Der Ortsvorsteher kam aus dem Haus, begrüßte den Polizisten und lud uns nach drinnen ein. Der Polizist erklärte dem Vorsteher, dass wir seine persönlichen Freunde und fast so etwas wie Familie waren. „Ich möchte, dass du dich um sie kümmerst, und ich werde dich persönlich für ihr Wohl verantwortlich machen", sagte er und verließ uns.

Der Ortsvorsteher fragte meine Mutter, ob wir Geld hatten, um Miete zu zahlen. Meine Mutter bestätigte, dass wir etwas Geld hatten, und er nahm uns mit zu einem kleinen Haus am Rande der Häusergruppe, die Rakša ausmachte. In dem Haus war ein einziges großes Zimmer, das der Frau, die dort wohnte, als Küche und Schlafzimmer diente. Wir erfuhren schnell, dass es sich bei ihr um die lokale Prostituierte handelte. Sie war nett zu uns und arrangierte uns eine Matratze und eine alte Decke als Bett. Außerdem hängte sie zwei Laken von der Decke, um uns einen Raum abzutrennen.

Bald stellte sich heraus, dass es ein Problem für ihr Geschäft war, mit einem Kind zu leben. Ich erinnere mich daran, dass wir ein paar Mal abends das Haus verlassen mussten und herumliefen, bis die Angelegenheiten in ihrem Teil des Zimmers vorüber waren. Es war Winter und ich weiß noch, dass mir in meiner eher leichten Kleidung sehr kalt war, als wir draußen warteten.

Meine Mutter und unsere Gastgeberin, die Prostituierte, gingen zum Ortsvorsteher und erklärten ihm, dass die Situation so nicht tragbar war. Der Vorsteher versprach, eine Lösung für das Problem zu finden. Am nächsten Tag brachte er uns zu einem anderen Haus, einem winzigen Familienheim, in dem wir sogar unser eigenes Zimmer bekamen. Die Leute in Rakša waren alle sehr arm, aber schienen großzügig und gut gelaunt.

Zu diesem Zeitpunkt war uns das Geld ausgegangen, aber erneut nutzte meine Mutter ihre Fähigkeiten als Näherin. Sie nahm Kleidung zur Reparatur und Änderung an und ihre Kunden brachten ihr im Gegenzug dafür Essen. Ich erinnere mich daran, dass wir das Essen mit der Familie teilten, in deren Haus wir lebten.

In Friedenszeiten gingen die Kinder aus Rakša in Turčianske Teplice zur Schule, manchmal mussten sie dorthin laufen und gelegentlich nahm sie jemand auf einem Pferdegespann mit. Aber nun war die Schule geschlossen und die Kinder waren auf sich allein gestellt. Ich fand einige Freunde unter den Jungs im Dorf. Wir spielten gemeinsam und durchstreiften die Hügel um Rakša. So lebten wir friedlich und ohne dass je ein Fremder nach Rakša kam, bis Mitte April.

Dann, an einem Tag gegen Ende April, nachdem wir ungefähr zwei Monate in Rakša gelebt hatten, kam eine große Heerestruppe über das Feld: Lastwagen, Panzer und etwa 1.000 Soldaten. Aus irgendeinem Grund hatte das gemeinsame deutsch-ungarische Kommando die Region von Rakša ausgewählt, um sich der vorrückenden russisch-rumänischen Truppen zu stellen. Zu Beginn des Krieges waren sowohl Rumänien als auch Ungarn Verbündete Deutschlands gewesen und beteiligten sich bei der Invasion der Sowjetunion. Im Sommer 1944, als der Krieg voranschritt und deutlicher wurde, dass Deutschland besiegt werden würde, wechselte Rumänien die Seiten und kämpfte von nun an der Seite der Sowjetunion. Ungarn hingegen blieb ein aktiver Verbündeter der Deutschen.

Die ungarischen Soldaten stellten Zelte und Feldküchen auf, hoben Schützengräben aus und legten in Vorbereitung auf die Schlacht viele Landminen entlang der Zufahrtslinie des erwarteten Angriffs aus. Mit den ungarischen Soldaten kam auch ein Dutzend hauptsächlich sehr junger deutscher Soldaten. Die Dorfbewohner sprachen nur Slowakisch. Natürlich sprach meine Mutter Ungarisch und auch einigermaßen kompetentes Deutsch. Dies wurde bekannt und sie wurde zur Kontaktperson zwischen der Armee und dem Dorf. Sie täuschte vor, nur einige für die Kommunikation notwendige Wörter zu sprechen. Sie verhandelte mit dem befehlshabenden Offizier, ich glaube, er war ein Oberst, wo die Armee ihre Zelte aufstellen und die Fahrzeuge parken sollte, sodass sie das Dorfleben so wenig wie möglich stören würden.

Der ungarische Oberst war sehr kooperativ, ich denke hauptsächlich, weil er sich fast sofort in meine Mutter verliebt hatte. Er suchte sie häufig am Tag auf, um sich mit ihr über das ein oder andere Detail zu unterhalten. Meine Mutter nahm mich immer mit, um die Leidenschaft des Offiziers zu bremsen. Die Gespräche zwischen ihnen waren sehr abgehackt, da meine Mutter so tat, als spräche sie nur gebrochenes Ungarisch. Zu dieser Zeit herrschte im Dorf eine große Lebensmittelknappheit. Auch die Armee litt unter der unzureichenden Versorgung mit Lebensmitteln, obwohl sie dennoch mehr hatten als wir. Der Oberst brachte uns fast täglich etwas zu essen, oft Brot und Dosenfleisch. Meine Mutter teilte das Essen mit dem Haushalt, in dem wir lebten.

An einem Nachmittag saßen meine Mutter und ich auf einer Holzbank vor dem Haus, in dem wir lebten, als ein deutscher Soldat auf uns zukam. Ich denke, er hatte gehört, dass meine Mutter Deutsch verstand. Er kniete sich hin, um auf unsere Höhe zu sein, und ohne jede Aufforderung sprudelten die Worte nur so aus ihm heraus. Ich verstand ein bisschen von dem, was er sagte, weil ich ein bisschen Jiddisch konnte, aber meine Mutter weihte mich später ein, was er gesagt hatte. Er war 16 Jahr alt, aber die deutsche Armee hatte ihn einberufen als er erst 15 war. Er kam aus einer Stadt in Bayern und er wusste nicht einmal, worum es in diesem Krieg überhaupt ging, und jetzt würden die Russen kommen und ihn töten. Er fing an zu weinen. Er fragte meine Mutter, ob sie den Russen sagen könnte, dass er nie etwas Schlimmes gemacht hatte, damit sie ihn nicht töten würden. Meine Mutter erklärte sich bereit, ein gutes Wort für ihn einzulegen, wenn sie dazu die Gelegenheit hätte. Er dankte ihr und ging. Wir sahen ihn nie wieder.

Später an diesem Tag kam der Oberst zu meiner Mutter und teilte ihr mit, dass sie am nächsten Morgen Rakša verlassen würden, um auf die Invasionstruppen zu treffen. Er hielt das Geld, welches das monatliche Gehalt für die Soldaten in seinem Bataillon war, in der Hand und wollte es meiner Mutter geben, damit sie darauf aufpasste. Die Kämpfe seien bald vorüber und dann würde er wiederkommen, meine Mutter heiraten und mit dem Geld ein neues Leben beginnen. Er wollte, dass meine Mutter ihm versprach, dass sie auf ihn warten würde.

Meine Mutter erklärte ihm, dass sie ihn nicht heiraten könne, weil sie verlobt war und dass sie nicht für all das Geld verantwortlich sein wollte. Enttäuscht ging der Oberst wieder, versicherte ihr aber, er würde am nächsten Tag wiederkommen und bat meine Mutter, es sich noch einmal gut zu überlegen.

Am nächsten Morgen wurden wir von großem Lärm geweckt: Die Panzer, Lastwagen und Soldaten verließen allesamt Rakša. Ein paar Stunden später hörten wir Explosionen und Pistolenfeuer. Ein paar Granaten fielen auf Rakša und explodierten harmlos auf einem Feld außerhalb des Dorfes. Die Bombardierung und die Explosionen kamen nun immer schneller. Wir versteckten uns im Wurzelkeller ein paar Meter unter der Erde, wo die Familie Kartoffeln, Rüben, andere Wurzelgemüsesorten und Weizen aus der letzten Saison lagerte.

In der Nacht setzten sich die Explosionen und Kampfgeräusche fort und gegen Morgen wurde es still. Wir blieben bis zum Vormittag im Keller, als jemand an unsere Tür hämmerte und ein russischer Soldat hereinkam. Er gehörte zu einem kleinen Kontingent, das für die rumänischen Truppen zuständig war und wir, die Slowakisch sprachen, konnten uns mit ihm über einfache Dinge unterhalten. Die ungarische Armee hatte kapituliert und war in ein Kriegsgefangenenlager gebracht worden. Die Kämpfe waren vorbei und es war sicher für uns, aus unserem Versteck zu kommen.

Das Dorf war nun voll mit rumänischen Soldaten, die mit nur wenigen Ausnahmen keiner verstand. Die Kommunikation war nur mit den wenigen rumänischen Soldaten möglich, die aus einer geographischen Region stammten, die zeitweise durch Ungarn kontrolliert worden war. Sie sprachen sehr einfaches Ungarisch. Es überraschte nicht, dass die rumänischen Soldaten, die eifrig schienen, mit der zivilen Bevölkerung in Kontakt zu treten, von den russischen Aufsehern sehr schroff behandelten wurden. Wieder einmal schufen meine Mutter und ich eine Anlaufstelle.

Ich habe einige Erinnerung an unsere Zeit in Rakša, die meisten davon sind Ereignisse aus der Zeit nach Kriegsende. Nur wenige Tage nach der Ankunft der rumänischen Soldaten endete der Krieg in Europa. Die deutsche Armee kapitulierte am 7. Mai 1945. Unsere Befreiung in Rakša kam verspätet, weil die russische Invasion einen großen Teil der Slowakei ausgelassen hatte, um in Richtung Berlin vorzustoßen. Natürlich waren wir darauf aus, Rakša zu verlassen und unsere Familie zu finden, aber das Land befand sich im Chaos. Die Transportwege, die Lebensmittelverteilung sowie die Arbeit der Polizei waren allesamt unterbrochen. Der Polizist, der uns nach Rakša gebracht hatte, kam im Zuge eines Versuchs der lokalen Politik, das Land Region für Region zu stabilisieren, ins Dorf. Er riet uns, ein paar Wochen zu warten, bevor wir das Dorf verließen.

Ein paar Tage nach der Ankunft der rumänischen Soldaten in Rakša zogen sie aus, um das Land nach den Leichen ihrer Kameraden zu durchkämmen. Ich weiß nicht, was sie mit den toten ungarischen Soldaten taten, sie ließen sie wahrscheinlich einfach liegen. Die Felder waren voll mit Leichen, die von Pferden und die der Soldaten. Eine Gruppe von Jungs, darunter auch ich, schaute dabei zu, wie sie die rumänischen Leichen zum Friedhof brachten.

Ich erinnere mich, wie sie die Leichen der toten Soldaten trugen. Sie banden Hände und Füße zusammen und steckten dann einen Pfahl durch die zwei Schlaufen, die Arme und Beine bildeten.

Zwei Soldaten, einer vorne und einer hinten, trugen die Pfähle auf den Schultern zum Friedhof. Die Pfähle hingen vom Gewicht der Leichen durch und wackelten im Rhythmus der Schritte. Die Soldaten warfen die Leichen schlichtweg auf den Haufen Leichen, die sie bereits eingesammelt hatten. Einer der Soldaten zog den Pfahl heraus und sie liefen wieder davon auf der Suche nach weiteren Leichen. Die meisten rumänischen Soldaten wurden durch Minen getötet. Ihre Körper waren aufgedunsen und ihre Gesichter bläulich grau. Der Leichenhaufen wuchs. Ich zählte sogar, wie viele Leichen es waren. Ich habe die genaue Zahl vergessen, aber es waren um die 30.

Als wir dort standen und zusahen, bemerkte ich, dass ein Taschenmesser aus der Hosentasche einer Leiche hervorstand. Ich hatte noch nie ein Taschenmesser besessen und als keiner zusah, lief ich zu dem Leichenhaufen und zog das Taschenmesser aus der Hosentasche des toten Soldaten. Das Messer hatte zwei faltbare Klingen, eine große und eine kleine. Ich steckte es in meine eigene Hosentasche. Die Soldaten hatten einen Graben ausgehoben und begannen damit, die Leichen in dieses Grab zu legen. Wir Jungs verzogen uns.

Ich ging zurück zu dem Haus, in dem wir lebten und es wurde Nacht. Die Nächte in Rakša waren sehr dunkel, weil es keine Elektrizität und deshalb auch keine Straßenlaternen gab. Bevor ich schlafen ging, musste ich auf die Außentoilette und ich hatte Angst. Ich spürte das

Gewicht des gestohlenen Messers in meiner Hosentasche und erschrak. Was, wenn der Geist des toten Soldaten kommen würde, um sein Messer zurückzufordern?

Meine Mutter sah, wie ängstlich ich war und fragte, was los war. Ich erzählte ihr, dass ich das Messer von einer Leiche gestohlen hatte. Sie versicherte mir, dass sie wüsste, was zu tun war: „Gib mir das Messer, ich werde jetzt darauf aufpassen und morgen geben wir es zurück." Am nächsten Tag ging ich mit meiner Mutter zum Friedhof. Das Massengrab war noch deutlich zu sehen. Wir hatten eine kleine Schaufel mitgenommen. Ich buddelte neben dem Grab ein Loch, legte das Messer hinein und grub es wieder zu. Dies schien die perfekte Lösung zu sein.

Inzwischen hatten die rumänischen Soldaten nicht mehr viel zu tun und warteten nur darauf, die Erlaubnis erteilt zu bekommen, nach Hause zu gehen. Ich freundete mich mit einem von ihnen an, der etwas Ungarisch sprach. Ich weiß nicht genau warum, aber womöglich, weil ich ihn an seinen Sohn erinnerte, gab er mir eine kleine Blechtrompete. Er erklärte mir, dass die Trompete benutzt wurde, um Feuerwehrmänner herbeizurufen, die ein Feuer löschen sollten. Die Trompete hatte zwei Ventile. Wenn man sie abwechselnd drückte, wurde die Luft, die man in die Trompete blies, zu einem sirenenähnlichen Klang.

Egal wie arm ein Dorf ist, es gibt immer jemanden, der reicher ist als alle anderen und in Rakša war dies der Müller. Er lebte in einem relativ großen Haus neben dem Bach, der durch das Dorf floss und die Mahlsteine seiner Mühle antrieb. Er war auch der Leiter der örtlichen Freiwilligen Feuerwehr. Ich ging zu ihm, zeigte ihm meine

Trompete und fragte ihn, ob er sie gegen etwas Mehl tauschen würde. Er probierte die Trompete aus und gab mir dafür 2 kg Mehl. Als ich diese seltene Ware mit nach Hause brachte, erntete ich großes Lob von den Erwachsenen. Die Familie, mit der wir lebten, benutze etwas von dem Mehl, um es mit gestampften Kartoffeln zu mischen und daraus Brot zu backen. Der Rest des Mehls wurde für andere Lebensmittel eingetauscht.

Ein paar Wochen verstrichen und die Lage beruhigte sich. Es war Zeit für uns, Rakša zu verlassen. Wir packten unsere Koffer und warteten vor dem Haus auf einen Bauern mit einem Pferdegespann, der plante nach Turčianske Teplice zu fahren und versprochen hatte, uns mitzunehmen. Wir dachten, wir könnten einen Zug nach Topoľčany nehmen, wo wir hofften, meinen Onkel Karči und meine Tante Manci zu finden, falls sie überlebt haben sollten.

Als wir vor dem Haus warteten, kam ein Junge ungefähr in meinem Alter, der ein Spielkamerad von mir in Rakša war, über die Straße gerannt. Er sagte, er wollte mir etwas Aufregendes zeigen und ich sollte mitkommen. Ich fragte meine Mutter, ob ich Zeit hätte, mitzugehen, und sie verneinte, weil unsere Mitfahrgelegenheit bald da sein würde. Enttäuscht ging ich nicht mit dem Jungen mit. Er ging wieder und ein paar Minuten später, kurz bevor die Kutsche kam, hörten wir eine Explosion. Das Geräusch kam aus dem Hinterhof des Hauses, in dem der Junge lebte, von der anderen Straßenseite. Ein paar Minuten später sahen wir, wie der Vater des Jungen, ein dünner großer Mann, erschrocken aus dem Hof kam. Er weinte und trug den schlaffen Körper seines Sohnes in den Armen. Die Hose des Jungen war zerrissen und seine Hoden hingen heraus und waren nur noch an einem dünnen Fetzen Haut mit seinem Körper verbunden. Jemand, der es zu wissen schien, erklärte den Jungen für tot. Er hatte eine Granate gefunden, damit gespielt und sie war explodiert. Es gab nichts mehr, was man für ihn tun konnte. Wir kletterten auf die Kutsche und verließen Rakša.

Auf der Suche nach Rakša

Im Jahr 1983 bereiste ich mit meinem Sohn Michael die Tschechoslowakei, die heutige Slowakei. Natürlich wollte ich Michael Rakša, den Ort, an dem wir lebten, als der Krieg endete, zeigen. Ich war mir sehr sicher, dass der Ort, an dem der Zug angehalten hatte und von dem aus wir nach Rakša gelaufen waren, Zlaté Moravce hieß. Das winzige Dorf Rakša war nicht auf der Karte, also fuhren wir nach Zlaté Moravce und dort fragte ich, wie wir nach Rakša kommen konnten. Wir gingen zum Polizeipräsidium, zur Post und fragten auch in mehreren Geschäften nach, aber niemand hatte je etwas von Rakša gehört. Ich begann an meiner Erinnerung zu zweifeln, vielleicht hatte ich den Namen des Dorfes falsch in Erinnerung, aber wie konnte das sein? Enttäuscht verließen wir Zlaté Moravce.

Mehrere Jahre später, nach dem Untergang des kommunistischen Regimes, tippte ich „Rakša, Slowakei" bei Google ein und es tauchte eine ausführliche Webseite auf, die die Schönheit von Rakša und dessen Umgebung anpries. Die Webseite gab auch an, dass sich Rakša eigentlich in der Nähe von Turčianske Teplice befand, einer kleinen Stadt ca. 40 km nördlich von Zlaté Moravce. Es wurde klar, dass ich diese beiden Städte in meiner Erinnerung verwechselt hatte.

Die Webseite verdeutlichte die Verlockung der freien Markwirtschaft und bewarb die kleinen Bauernhäuser, an die ich mich noch erinnern konnte, als umgebaute Ferienwohnungen. In der Werbung für Rakša auf der Webseite hieß es: „Urlaub an einem Ort wie dem Zuhause deiner Großmutter". In der Anzeige hieß es weiter, dass diese kleinen Häuser zu komfortablen einfachen Nicht-Raucher Ferienwohnungen umgebaut worden waren, die in der Nähe von guten Restaurants lagen. Auch konnte man dort Ferienaktivitäten wie Reiten, Schwimmen, Tennis spielen und Wandern nachgehen. Für diesen preisgünstigen Ferienort konnte man online reservieren. Leider schien die Unternehmung Rakša in einen Ferienort zu verwandeln, gescheitert zu sein.[1] In Rakša leben nur noch etwa 200 Einwohner.

---

1. Die aktuelle Webseite von Rakša erwähnt den Ort nicht mehr als Ferienort, sondern dort heißt es nur noch: „Rakša ist ein Dorf und eine Gemeinde im Bezirk Turčianske Teplice. In den renovierten Bauernhäusern kann man immer noch Zimmer für ungefähr 10 € die Nacht mieten.

11

ZURÜCK IN DIE WELT

Der Bauer, der uns von Rakša aus mitnahm, setzte uns am Bahnhof in Turčianske Teplice ab. Dort wurde schnell klar, dass unser Plan, einen Zug in Richtung Topoľčany zu nehmen, nicht aufgehen würde. Der Bahnhof war verlassen und aus einem nahegelegenen Haus kam ein Mann, um uns zu sagen, dass seit einem Monat weder Züge nach Turčianske Teplice gekommen noch von hier aus abgefahren waren. Es waren ungefähr 48 km nach Topoľčany und es schien keinen klaren Weg dorthin zu geben.

Es wurde dunkel und kalt. Wir liefen in das Zentrum der Stadt, in dem sich russische und rumänische Soldaten tummelten. Es gab dort auch viele zivile Flüchtlinge wie uns, die einen Weg suchten, wieder zurück nach Hause zu gelangen. Es fühlte sich nicht sicher an, irgendjemandem zu sagen, dass wir jüdisch waren, also behielten wir unsere falschen Identitäten. Zwei Polizisten, die auf der Straße patrouillierten, wiesen uns auf ein großes Haus hin, das vom Besitzer und seiner Familie verlassen worden war. Die Familie hatte Turčianske Teplice verlassen, um an irgendeinen anderen Ort zu gelangen, den sie im Hinblick auf den womöglich bevorstehenden Kampf für sicherer hielten. Das Haus selbst war gefüllt mit Soldaten, aber im großen Hof brannte ein Lagerfeuer und um das Feuer herum saßen sowohl russische Soldaten als auch Zivilisten. Manche der Soldaten aßen ihre Lebensmittelration, größtenteils Brot, eine Art Schmalz und getrocknetes Fleisch. Einer der Soldaten fragte meine Mutter, ob wir hungrig seien. Natürlich waren wir hungrig und daraufhin sammelte er etwas zu essen von den Soldaten zusammen und brachte es uns. Einige Soldaten brachten Stroh aus der Scheune und verteilten es um das Feuer. Jeder suchte sich möglichst weit voneinander entfernt einen Platz aus, sodass das Feuer noch ausreichend wärmte, und legte sich hin. Meine Mutter und ich schliefen ein.

Kurz darauf schlich sich ein russischer Soldat herüber, hielt sie fest und begann sie zu belästigen. Meine Mutter schrie ihn an. Mehrere Soldaten sprangen auf und kamen herübergerannt. Sie zogen ihn von ihr weg und warnten ihn, sich von ihr fernzuhalten. Zwar hielt der Soldat sich danach von ihr fern, aber wir schliefen die restliche Nacht nicht viel.

Am nächsten Morgen gaben die Soldaten uns etwas Brot und Tee in einer Blechtasse. Wir stellten uns an, um unsere Gesichter an der Außenpumpe zu waschen und setzten unsere Reise fort. Ich erinnere mich nicht an Details zu unserer Reise nach Topoľčany, die aus kurzen Fahrten auf Pferdegespannen sowie alten Lastwagen und langen Strecken zu Fuß bestand. Ich weiß, dass wir Topoľčany nicht am selben Tag unserer Abreise in Turčianske Teplice erreichten. Wir durchquerten viele Bauerndörfer und einige Male musste meine Mutter nach dem Weg nach Topoľčany fragen. Ich weiß nicht, wo wir in der Nacht, als wir noch immer unterwegs waren, schliefen – höchstwahrscheinlich in der Scheune eines Bauern in einem der kleinen Bauerndörfer, die wir passierten.

Am Morgen des folgenden Tages waren wir etwa 11 km von Topoľčany entfernt. Wir liefen auf einer ungepflasterten Straße, die eigentlich eher ein weiter zerfurchter Pfad war, der kaum für Autoverkehr geeignet war. Gegen Mittag waren meine Mutter und ich sehr hungrig und müde. Als wir so den Pfad entlang trotteten, hörten wir ein schwaches Motorengeräusch, das immer lauter wurde. Schließlich sahen wir hinter uns eine große Staubwolke, aus der ein Motorrad erschien. Der Fahrer trug einen Lederhelm und als er an uns vorbeirauschte, fuhr er nicht langsamer. Ein Gegenstand fiel beim Vorbeifahren aus seinem Rucksack, den er hinten auf sein Motorrad gebunden hatte. Der Gegenstand schlug dreimal auf die Straße auf und rollte dann in den Straßengraben. Ich lief herüber und hob ihn auf. Es handelte sich um ein Stück Käse, welches der Form und Größe nach einer Honigmelone ähnelte. Der Käse hatte eine braune Rinde und als meine Mutter diese durchschnitt, atmeten wir das wundervolle Aroma von geräuchertem Käse ein. Sie schnitt uns beiden eine kleine Scheibe ab. Nach ungefähr einer weiteren halben Stunde zu Fuß nahm uns ein kleiner Lastwagen zum nächsten Dorf mit. Hier fanden wir einen Bäcker, der uns im Tausch für ein Stück des Käses einen Laib Brot gab. Nach einer weiteren Strecke zu Fuß und ein paar kurzen Fahrten kamen wir am späten Nachmittag in Topoľčany an. Erstaunlicherweise und zu unserer Erleichterung waren meine Tante Manci und mein Onkel Karči bereits im kleinen Dorf in der Nähe von Topoľčany. Sie waren Ende März 1945 befreit worden und waren hier drei Wochen vor uns angekommen. Sie fanden das kleine Haus, das sie von einem benachbarten Bauern gemietet hatten, mit all ihrer zahnärztlichen Ausstattung unbeschadet und einsatzbereit. Fast sofort nahmen sie die Arbeit in ihrer Zahnarztpraxis wieder auf und warteten auf uns in der Hoffnung, dass wir überlebt hatten und zu unserer letzten gemeinsamen Bleibe zurückkehren würden.

Die Freude über unser Wiedersehen lässt sich nicht in Worte fassen. Wir umarmten uns viel und weinten. Manci und meine Mutter redeten am meisten und erzählten sich gegenseitig die Geschichten des Überlebens. Meine Tante kochte eine Mahlzeit aus Kohl, Kartoffeln und gekochtem Rindfleisch. Ich erinnere mich noch heute an den Duft des Essens. In meiner Erinnerung ist dies die beste Mahlzeit, die ich je aß.

Wahrscheinlich kennen all die Menschen jüdischer Herkunft, die den Holocaust überlebt haben, die genaue Reihenfolge der erstaunlichen und unwahrscheinlichen Ereignisse, die ihr Überleben möglich gemacht haben. Dies traf jedenfalls auf Manci und Karči zu. Nach der Niederlage des Aufstandes im Oktober 1944, als unsere kleine Wandergruppe aus dem Wald über die Hauptstraße zurück nach Banská Bystrica gelangt war, entschieden wir uns dazu, uns zu trennen. Manci und Karči, die als Personen mit einer national benötigten Qualifikation eingestuft worden waren, nahmen an, dass sie vor der Deportation sicher waren und deshalb nicht wie wir falsche arische Papiere erwerben mussten. Das war im Nachhinein eine schwerwiegende Fehleinschätzung.

Als wir Banská Bystrica erreichten, wussten Manci und Karči nicht, was sie tun sollten. In Ermangelung einer besseren Idee gingen sie zurück zu dem Haus der Familie am Rande der Stadt, bei der sie während des Nationalaufstandes ein Zimmer gemietet hatten. Sie erzählten der Familie von ihrer misslichen Lage und baten sie um Hilfe. Zu diesem Zeitpunkt wusste jeder, dass alle Juden, die die Deutschen oder die slowakischen Faschisten ausfindig machten, nach Auschwitz deportiert werden würden. Es war auch allgemein bekannt, dass jede nicht-jüdische Familie, die Juden beherbergte, ebenfalls deportiert werden würde. Die Familie beriet sich und erklärte sich dazu bereit, Manci und Karči in einer alten Scheune an der Ecke ihres Hinterhofes zu verstecken. Die Scheune besaß einen Heuboden, auf dem Heuballen gelagert wurden und der über eine Leiter erreicht werden konnte. Sie konnten sich dort auf dem Heuboden so einrichten, dass sie von unten aus nicht sichtbar sein würden.

Meine Tante und mein Onkel waren natürlich sehr erleichtert und dankbar. Sie versteckten sich für sechs Monate auf dem Heuboden von Ende Oktober bis Ende März, als Banská Bystrica von der russischen und der rumänischen Armee befreit wurde. Im Wesentlichen lagen sie für diese ganze Zeit still auf dem Rücken. Sie konnten sich aufsetzen, aber der Heuboden war nicht hoch genug, um aufzustehen. In der Nacht brachten Familienmitglieder ihnen Essen und entsorgten Abfälle. Falls man die Familie erwischte, die sie beherbergte, hätte man auch sie deportiert und ermordet. Es wurde besonders gefährlich, Manci und Karči zu verstecken, als die Deutschen im Januar ihre Feldküche im Hinterhof nur einige Meter von der Scheune entfernt aufstellten.

Aber es gab Nicht-Juden, die solche Risiken eingingen, um das Leben anderer zu retten. Wir alle, die wir überlebten, verdanken unser Leben denjenigen, die zu solcher Güte und Tapferkeit fähig waren.

Wir hörten im Radio, dass eine neue tschechoslowakische Regierung gebildet worden war, aber obwohl die Kämpfe eingestellt worden waren, funktionierte das Land noch lange nicht. Es gab kein Benzin, weswegen nur kurze Reisen möglich waren. Die slowakische Währung, die von der faschistischen Regierung herausgegeben worden war, war nun wertlos und die Wirtschaft musste sich stattdessen auf Tauschhandel verlassen. Die Zahnarztpraxis meiner Tante und meines Onkels war geschäftig, weshalb wir angemessene Verpflegung und eine Unterkunft hatten. In dem Dorf in der Nähe von Topoľčany lebten wir friedlich bis ungefähr Mitte Juli 1945. Dann schien das Land ausreichend stabilisiert zu sein, um nach Košice zu reisen. Die Erwachsenen entschieden, dass meine Mutter und Karči sich auf den Weg nach Košice machen würden und dass ich bei Manci bleiben sollte. Ich denke, dass diese Vereinbarung dadurch zustande kam, dass es Manci nicht gut ging.

Während der Abwesenheit meiner Mutter waren meine Aktivitäten im Wesentlich ungeregelt. Ich konnte mehr oder weniger tun, wonach mir war. Hinter dem Haus am Rande von Topoľčany lag ein Berg, in dem irgendein Mineral abgebaut worden war. Eine Schmalspureisenbahn führte zur Spitze des Berges hinauf. Neben den Gleisen lag eine umgekippte Lokomotive, aber der Waggonzug mit schubkarrengroßen Waggons stand unbeschädigt auf den Gleisen. Jeder Waggon war groß genug für ein bis zwei Jungs. Zusammen mit einer Gruppe Jungs, von denen manche so alt waren wie ich und mache etwas älter, spielte ich ein Spiel, das mir jetzt sehr gefährlich vorkommt. Unter großen Anstrengungen zogen wir die Waggons den Berg hinauf bis zum verbarrikadierten Eingang der Mine. Der hinterste Waggon hatte eine Bremse, die aktiviert werden konnte, indem man ein Rad drehte, das eine Bremsbacke auf die Räder des Waggons drückte. Einer der älteren Jungen kümmerte sich für gewöhnlich um die Bremse. Als wir den Zug den Berg hinaufgeschoben hatten, stürzten wir uns alle in die Waggons und die Bremse wurde gelöst. Der Zug fuhr so den Berg hinab und nahm an Fahrt auf. Die aufregende Fahrt dauerte ungefähr 10 Minuten. Mit dem Glück auf unserer Seite erreichten wir den Fuß des Berges jedes Mal unversehrt.

Während meine Mutter und Karči weg waren, brach in unserem Dorf sowie in einigen umliegenden Dörfern von Topoľčany, eine Typhus Epidemie aus. In den Dörfern gewann man Wasser aus den Brunnen und in unserem Fall auch aus dem Bach, der am Rande des Dorfes vorbeifloss. Das Wasser war mit Typhus-Bakterien verunreinigt, die sich höchstwahrscheinlich aufgrund der Leichen von Menschen und Tieren, die in flachen Gräbern begraben waren, entwickelt hatten. Die Bakterien aus den infizierten und verrottenden Leichen sickerten ins Grundwasser und verunreinigten so die Brunnen und Bäche. Der Bauer, von dem wir das Haus mieteten, infizierte sich, so wie viele andere Menschen im Dorf. Schnell improvisierte man ein Gesundheitssystem und mobilisierte Menschen aus der lokalen Politik, um sich die Lage vor Ort anzusehen. Der Befehl lautete, Wasser vor dem Gebrauch abzukochen und man platzierte Eimer mit Kalk bei den Außentoiletten. Bei jedem Toilettengang war es verpflichtend, eine kleine Tasse Kalk in das Loch zu schütten.

Zu dieser Zeit mangelte es im Dorf an Arbeitern. Viele der Männer waren noch nicht aus der Armee oder den Kriegsgefangenenlagern zurückgekehrt. Aufgrund der Krankheit des Bauern musste sich seine Mutter um seine Ziegenherde kümmern. Sie bat mich um Hilfe. Gemeinsam trieben wir die Ziegen auf die Weide und es war meine Aufgabe, dafür zu sorgen, dass die Ziegen sich nicht in das Kleefeld verirrten. Sie erklärte mir, wenn Ziegen Klee fressen, würden sie sich aufblähen und ihre Innereien könnten explodieren. An einem Tag musste die Mutter des Bauern etwas erledigen und übertrug mir die alleinige Verantwortung über die Ziegenherde bevor sie ging. Kurz nachdem sie gegangen war, rannten die Ziegen in den Klee und begannen zu fressen. Ich rannte panisch umher und versuchte, die Ziegen aus dem Klee zu jagen. Als die Mutter des Bauern zurückkam, waren alle Ziegen aus dem Kleefeld zurück und fraßen wieder normales Gras. Ich berichtete ihr nicht von dem Vorfall im Klee, aber ich war sehr besorgt. Ich wachte in der Nacht immer wieder auf und befürchtete, die Ziegen explodieren zu hören. Am nächsten Morgen lief ich als Erstes zum Stall, um nach den Ziegen zu sehen. Sie waren alle gesund und unversehrt.

Einige Tage später trieben wir die Ziegen in ein anderes Feld, das an den kleinen Bach angrenzte. Die Mutter des Bauern beschwerte sich, wie viel Arbeit es war, das Wasser abzukochen, das wir benutzten, sogar das, mit dem wir wuschen. Sie behauptete, dass all die Abkocherei unnötig sei. Sie zeigte auf den kleinen Bach und sagte, wir müssten das Wasser bloß anschauen und die Felsen zählen, über das es floss. Das Wasser sei sauber, nachdem es sieben Felsen passiert hatte. Sie murrte, dass man ihr verboten hatte, ihre Wasserreinigungsmethode anzuwenden. Nach ein paar Wochen war die Typhusgefahr vorüber. Einige Menschen im Dorf waren verstorben, aber die meisten und so auch der Bauer, bei dem wir lebten, erholten sich.

Der Sommer ging vorüber. Wir maßen an der Höhe des Mais auf dem Feld, wie die Zeit verging. Gegen Ende August kehrten meine Mutter und Karči zurück. Damals wussten wir schon, dass viele der slowakischen Juden ermordet worden waren, aber es dauerte mehrere Monate, bis wir den genauen Umfang der Verluste kannten. Schließlich ergab die Volkszählung, dass von den 90.000 Juden, die vor dem Krieg in der Slowakei gelebt hatten, 70.000 ermordet worden waren. Viele der Juden, die die Konzentrationslager überlebt hatten, waren erschöpft und geschwächt und starben schließlich an Typhus oder anderen Infektionen. Meine Mutter und Karči kehrten mit den guten Nachrichten zurück, dass Ernő und Erzsi überlebt hatten und zurück in Košice waren. Ihr Überleben verdankten sie dem glücklichen Zufall, dass sie sich kurz nach der Befreiung des Konzentrationslagers gegenseitig fanden. Das Schicksal anderer Familienmitglieder war uns damals noch nicht bekannt.

Nachdem meine Mutter und Karči mit den Nachrichten zurückgekehrt waren, dass einige unserer Verwandten und Familienfreunde überlebt hatten und in Košice waren, war es Zeit für uns dorthin zu reisen. Die Züge fuhren zwar immer noch nicht regelmäßig, aber sie fuhren wieder und es schien möglich, Košice relativ leicht zu erreichen. Anfang September machten wir uns auf den

Weg nach Košice, was sich als eine lange Reise mit endlosen Wartezeiten auf Zugverbindungen erwies.

Zurück in Košice

Die meisten der überlebenden Juden aus dem östlichen Teil der Slowakei zog es nach Košice und nun waren alle meiner überlebenden Familienmitglieder dort. Irgendwie fanden auch alle eine vorübergehende Unterkunft. Meine Mutter und ich zogen bei Ernő ein, dem es gelang, sein Haus inklusive der meisten Möbelstücke in intaktem Zustand zurückzufordern. Manci und Karči mieteten in unmittelbarer Nähe zur Hauptstraße in Košice eine Wohnung.

Einige der jüdischen Gebäude aus Vorkriegszeiten wurden wieder instand gesetzt und eine der drei Synagogen in Košice wurde für regelmäßige Gottesdienste wiedereröffnet. Ein Empfangszentrum, dessen Hauptfunktion es war, ein temporärer Zufluchtsort für rückkehrende Überlebende zu sein, wurde eingerichtet. Die Überlebenden trafen dort ein, hier konnten sie etwas essen und bekamen ein Bett zum Schlafen. Ich wusste, dass mein Vater Ignac tot war, er war in den Außenbezirken von Banská Bystrica ermordet worden. Aber irgendwie hatte ich das Gefühl, dass ich ihn finden könnte, wenn ich nur weiter nach ihm suchte. Jeden Morgen lief ich zum Empfangszentrum und schaute auf das schwarze Brett, auf dem Neuigkeiten standen. Ich lief auch im Esszimmer von Tisch zu Tisch, um den Neuankömmlingen ein Foto von meinem Vater zu zeigen und sie zu fragen, ob sie ihn gesehen hatten. Sie sahen sich das Foto an und schüttelten den Kopf. Zu Beginn sagte meine Mutter, meine Nachforschungen hätten keinen Sinn, weil mein Vater ermordet worden war. Aber nach ein paar Tagen ließ sie mich fortsetzen, womit ich begonnen hatte. Einige Wochen später verlangsamte sich die Ankunft der Überlebenden und schließlich trafen keine mehr ein. Das Empfangszentrum wurde geschlossen.

Die Überlebenden mussten herzzerreißende Verluste hinnehmen. Ernős Frau Bőzsi und sein Sohn Gyuri waren ermordet worden. Erzsi und ihr Mann Geza hatten überlebt, aber ihre Tochter Klari war umgebracht worden. Klara, die Mitgründerin des jüdischen Waisenhauses in Košice, kehrte zurück und erfuhr, dass ihre beiden Söhne und ihr Mann ermordet worden waren. Meine Großeltern, meine Tante, meine Onkel und alle meine Cousins und Cousinen waren ermordet worden.

Fast jeder überlebende Jude musste mit der Vernichtung der eigenen Familie durch den Tod eines Ehemanns, einer Ehefrau, oder den eigenen Kindern umgehen. Die fast unerträgliche Verwüstung und Einsamkeit schien in den Menschen einen Drang auszulösen, ihre Leben so schnell wie möglich fortzusetzen. Für die meisten bedeutete dies die Wiederherstellung der Familie. Die meisten Überlebenden kannten sich gegenseitig oder kannten zumindest die Familien der anderen. Daher verlief die Suche nach neuen Ehepartnern meist auf Empfehlungen hin, relativ schnell und reibungslos. Innerhalb der ersten drei Monate nach unserer Ankunft in Košice hatte meine Mutter bereits drei Anwärter. Korach Lajcsi war der erste, ein Apotheker, der mit der Schwester meines gebürtigen Vaters verheiratet gewesen war und den ich mit meinen Eltern in Hust besucht hatte. Seine Frau und seine drei Söhne waren ermordet worden. Der zweite Anwärter war ein relativ bekannter Violinist, der im Sinfonieorchester von Košice mitspielte. Seine Frau und seine Kinder waren umgebracht worden. Gasper Klenko, der dritte Anwärter, war ein erfolgreicher Geschäftsmann, dessen Frau und Tochter ermordet worden waren. Ich verbrachte mit jedem von ihnen Zeit und meine Mutter entschied sich für Gasper als ihren neuen Ehegatten.

Mein Onkel Ernő heiratete Eva Braun, deren Mann sich in den frühen Kriegsjahren umgebracht hatte. Eva war die jüngere Schwester von Klara, die wiederum Jenci Weinberger, einen Uhrenmacher aus Humenne, heiratete. Seine Frau und seine zwei Kinder waren umgebracht worden. Meine Mutter kannte ihn und seine Familie. Sie hatte ihn Klara empfohlen.

Topoľčany Pogrom

Kurz nachdem wir Topoľčany verlassen hatten, ereignet sich dort etwas, dass das Schicksal der slowakischen Juden veränderte. Aufzeichnungen belegen, dass bereits im frühen 14. Jahrhundert jüdische Händler zumindest zeitweise in Topoľčany lebten. Im Jahr 1649 erlaubte man ein paar jüdischen Familien, sich dauerhaft in Topoľčany niederzulassen. Mit einigen Höhen und Tiefen wuchs die Gemeinde und im späten 18. Jahrhundert lebten dort ungefähr 200 Menschen jüdischer Herkunft. Zu dieser Zeit bildete sich eine vollwertige jüdische Gemeinde mit einer eigenen Synagoge, einem Rabbi, Schulen und einem Friedhof.

Bei Ausbruch des Zweiten Weltkriegs waren etwa 3.000 der insgesamt 12.000 Einwohner von Topoľčany jüdischer Herkunft. Der Volkszählung nach zu urteilen, gehörten ihnen 320 der 615 registrierten Unternehmen (52 %).

Ungefähr 70 % der Ärzte und 57 % der Anwälte waren jüdisch. Die jüdische Bevölkerung beteiligte sich aktiv am sozialen und politischen Leben der Stadt. In anderen slowakischen Städten war die Verteilung der Berufe ähnlich.

Vor dem Zweiten Weltkrieg waren die Beziehungen zwischen den Juden und Nicht-Juden herzlich und oft sogar freundschaftlich gewesen. Aber als die Deportationen der Juden begannen, übernahm die Gier das Verhalten vieler. Die Gelegenheit, jüdische Geschäfte zu übernehmen und jüdischen Besitz an sich zu reißen, war für viele zu verlockend, um ihr zu widerstehen.

Von den 3.000 Juden, die in Topoľčany gelebt hatten, überlebten 500 den Holocaust. Die meisten von ihnen kehrten nach Topoľčany zurück, um dort ihre Leben neu zu beginnen. Die Überlebenden forderten die Rückgabe ihrer unrechtmäßig enteigneten Grundstücke. Diese Forderung löste eine Welle des Antisemitismus aus, die am 24. September 1945, einige Wochen nach der Rückkehr der überlebenden Juden, ihren Höhepunkt erfuhr. An diesem Tag impfte ein jüdischer Arzt auf Anfrage des städtischen Gesundheitsamtes hin Kinder in einer örtlichen Schule. Ein Gerücht verbreitete sich, dass er die Kinder vergiftete. Eine Meute von 300 Personen griff die Juden an. Siebenundvierzig Juden wurden dabei verletzt und fünfzehn mussten ins Krankenhaus eingeliefert werden. Die Polizei tat wenig, um diese Ausschreitungen einzudämmen. Die restliche nicht-jüdische Bevölkerung sah ebenfalls tatenlos zu.

Solche Gewalttaten gegen die Juden gab es auch in vielen anderen slowakischen Städten. Insgesamt wurden bei solchen Angriffen in der ganzen Slowakei mehr als 36

Juden getötet und viele mehr verletzt. Während sich nur ein kleiner Teil der Bevölkerung aktiv bei solchen Nachkriegsgewalttaten gegen die jüdische Bevölkerung beteiligte, schauten die meisten mit nur wenigen Ausnahmen tatenlos zu, ohne zu versuchen, Einfluss auf den Lauf der Dinge zu nehmen.

Meine eigene Erfahrung bestätigt dies. 1945 wurde ich in die öffentliche Schule in Košice eingeschrieben, um dort die altersgerechte fünfte Klasse zu besuchen. Nur wenige junge Leute in meinem Alter hatten den Krieg überlebt. In der Mittelschule in Košice gab es nur 15 jüdische Schüler und Schülerinnen. Auf dem Schulhof und auf dem Heimweg wurden wir häufig von nicht-jüdischen Schülern belästigt. Sie schubsten uns, warfen Steine nach uns und wir waren den üblichen antisemitischen Beschimpfungen ausgesetzt. Einige von uns beschwerten sich bei den Lehrpersonen, aber sie ignorierten die Situation.

Ich war in mehrere Prügeleien verwickelt und bekam zweimal einen Stein ins Gesicht, was zu einem blauen Auge führte. Beide Male eilte meine Mutter mit mir zu einem Cousin zweiten Grades, der Augenarzt war. Er untersuchte mich sorgfältig und versicherte uns, dass keine bleibenden Schäden entstanden seien.

Die israelisch-zionistische Jugendbewegung sandte Botschafter, um die überlebenden Jugendlichen zu rekrutieren und ihre anschließende Auswanderung nach Israel zu organisieren. Jugendbewegungen, die das gesamte Spektrum von israelischer Politik repräsentierten, von sozialistisch bis ultra-orthodox, kamen nach Košice. Ich schloss mich der Bewegung Hashomer Hatzair an. Es handelt sich dabei um eine

Bewegung mit einer stark linksorientierten Ideologie, die sich darauf konzentrierte, dass ihre Mitglieder Kibbuzim, einer israelisch-zionistischen politischen Arbeiterpartei, die mit Mapam verbunden war, beitraten. Diese Jugendbewegung hatte einen starken prägenden Einfluss auf mich. Sie hat viele meiner wichtigsten Entscheidungen beeinflusst, unter anderem auch, wen ich später heiraten würde.

Neben ihrer politischen Mission zeigten uns die israelisch-zionistischen Botschafter auch, wie wir uns wehren konnten und das machte für uns einen großen Unterschied. Sie zeigten uns, wie man mit Stöcken kämpft und auch wie man Steinschleudern baut und benutzt. Bei einer Konfrontation mit einer größeren Gruppe Jungs schossen wir Steine mit unseren neuen Steinschleudern. Unsere Gegner rannten dabei plötzlich weg. Wir erfuhren, dass einen der Jungs ein Stein ins Auge getroffen hatte und er ins Krankenhaus gebracht werden musste. Man munkelte, er sei davon auf diesem Auge blind geworden. Unsere Fähigkeit und Bereitschaft, uns zu wehren, reduzierte die Schikane-Vorfälle deutlich.

Die Leitung der Jugendbewegung organisierte dreiwöchige Sommerferienlager für ihre Mitglieder, die ich in den Jahren 1946 und 1947 besuchte. Das Ferienlager wurde in den Bergen des tschechischen Teils der Tschechoslowakei auf einer großen Wiese mit einem Bach, der daran vorbeifloss, aufgeschlagen. Die nächste Stadt lag ungefähr 16 km entfernt. Unser Campingplatz war von der Stadt aus über eine kleine ungepflasterte Straße zugänglich. Das Lager war äußerst primitiv und einfach eingerichtet. Wir Camper bekamen jeder einen überschüssigen Zeltboden der Armee. Diese Zeltboden konnten zusammengeknöpft werden und mithilfe einiger

Zeltstangen und etwas Schnur entstand daraus ein eher undichtes Notzelt, welches wir uns jeweils zu zweit teilten. Wir gruben Latrinen und benutzten das Wasser aus dem Bach, um uns zu waschen. Mein Zeltgenosse war ein Junge mit Namen Schneider, dessen Körperhygiene sogar für meine jugendlichen Maßstäbe unangemessen war. Er schien sich nie zu waschen und mit der Zeit roch er immer stärker.

So wie ich es jetzt sehe, war dieses Lager für uns eine wichtige Erfahrung. Für die letzten Jahre hatten wir Kinder wenig Interaktion mit anderen Kindern in unserem Alter erfahren. Die meisten von uns hatten sich entweder versteckt oder waren mit falschen Papieren auf der Flucht gewesen. Hier im Lager hatten wir die Möglichkeit, zu spielen, zu singen, an Kunstprojekten zu arbeiten, Pfadfinderfähigkeiten zu lernen – Aktivitäten, die für Kinder in unserem Alter normal waren.

Mein erstes Mal im Ferienlager war zwar manchmal unangenehm und schwierig, aber insgesamt verlief der Aufenthalt so wie geplant. Im Jahr darauf verlief das Zeltlager jedoch anders. Während der zweiten Woche wurden wir von jemandem geweckt, der heftig an unserem Zelt rüttelte und uns anschrie, sofort unsere Sachen zu packen und das Lager zu verlassen. Die Nächte waren so kalt, dass wir abgesehen von unseren Schuhen komplett gekleidet schliefen. Ich sprang aus meinem Schlafsack und schaute aus dem Zelt. Unser Lager füllte sich mit Soldaten, die auf Lastwagen und Panzerfahrzeugen ankamen. Sie positionierten sich am Rande des Lagers in Deckung der Bäume und Büsche. Ein Kontingent der Soldaten warf unsere Sachen und Ausrüstung willkürlich auf die Ladefläche der Fahrzeuge und man befahl uns, schnell hinaufzuklettern. Ich hörte, wie jemand rief, Banderas Armee würde jede Minute hier ankommen. Als die Lastwagen wendeten und uns aus dem Lager fuhren, hörten wir, wie sich hinter uns Gewehrfeuer und Explosionen näherten.

Später erfuhr ich die Details dieser Nacht. Im Sommer 1941 als Deutschland in die Sowjetunion einfiel, wurde die Ukraine schnell überrannt. Kurz danach erschien eine ukrainische nationale Bewegung wieder, die sich zum Ziel setzte, einen ethnisch reinen ukrainischen Staat mit einer Sprache und einem Volk herzustellen. Diese nationalistische Bewegung bildete eine Einheitsfront und organisierte die Ukrainische Nationale Armee. Die anfängliche Stärke der Armee wurde auf 200.000 Soldaten geschätzt. Diese neugebildete ukrainische Armee verbündete sich mit Deutschland und formulierte drei Ziele: die Sowjetunion zu bekämpfen, die Ukraine von der polnischen Bevölkerung zu befreien und die jüdische Bevölkerung zu vernichten. Sie waren verantwortlich für die Ermordungen vieler Polen und Juden.

Als im Laufe des Krieges klar wurde, dass Deutschland den Krieg verlieren würde, verließen viele die Ukrainische Nationale Armee, doch mehrere Tausend blieben hinter der sowjetischen Front eingeschlossen. Sie wussten, wenn sie in die Hände der sowjetischen Armee fielen, würde man sie sofort hinrichten. Also organisierten sie sich in Partisanengruppen und machten sich auf den Weg in das von den USA besetzte Deutschland. Gelegentlich wurden sie auf ihrem Weg von Gefechten mit lokalen militärischen Einheiten aufgehalten, die von ihrer Fluchtroute erfahren hatten. Die ukrainische Einheit, die an unserem Ferienlager abgefangen wurde, stand unter der Leitung von Stepan

Bandera, einem der bekanntesten faschistischen Anführer und Nazi Kollaborateur der Ukraine. In diesen Gefechten wurden einige ukrainische Soldaten getötet, aber den meisten gelang die Flucht. Sobald die Ukrainer den amerikanischen Sektor erreichten, wurde ihnen für gewöhnlich Asyl gewährt und sie emigrierten meist in die USA oder nach Kanada. Diese Gefechte mit ukrainischen faschistischen Truppen auf der Flucht setzten sich noch lange nach Kriegsende bis ungefähr 1950 fort. Stepan Bandera, der unser Lager durchquerte, schaffte es bis in den Westen und wurde 1959 in München wahrscheinlich durch die NKWD, ermordet.

Abschied von Europa

Mit der Zeit ergab sich, dass die Slowakei ein judenfeindliches Land bleiben würde, und es erwies sich als vergebliche Mühen, dort ein normales Leben aufzubauen. Täglich verließen Bekanntschaften und Familienmitglieder die Tschechoslowakei. Die Jugendbewegung in Košice löste sich auf, weil es nicht mehr genügend Jugendliche gab, um die Aktivitäten aufrecht zu erhalten.

Ernő, Eve, Klara und Jenci waren die ersten in unserer engeren Familie, die auswanderten. Im Jahr 1947 verließen sie die Slowakei (damals die Tschechoslowakei), um sich im kanadischen Toronto niederzulassen. Evas und Klaras älterer Bruder war vor dem Krieg nach Kanada emigriert und hatte sich dort inzwischen gut etabliert. Er versprach ihnen, bei der Umstellung zu helfen.

Mein neuer Vater Gasper wollte die Tschechoslowakei nicht verlassen. Er hatte seinen Kleidergroßhandel wieder aufgenommen und stand finanziell gut da. Zu dieser Zeit war er bereits 52 Jahre alt. Er fühlte sich zu alt, um in einem neuen Land, in dem er keine geschäftlichen Verbindungen besaß, dessen Sprache er nicht beherrschte und dessen Sitten er nicht kannte, neu anzufangen. Meine Mutter war ihm natürlich verpflichtet, aber ich war unnachgiebig darin, die Slowakei mit oder ohne meine Eltern zu verlassen. Meine unabhängige Auswanderung war möglich, denn kurz nach der Gründung des israelischen Staats initiierte die israelische Regierung ein Programm namens „Jugend Alija", das europäische Jugendliche nach Israel bringen sollte. Mit 13 Jahren erhielt ich einen Pass und schrieb mich für das „Jugend Alija" Programm ein.

Im Februar 1948 zettelte die Kommunistische Partei, die damals eine Minderheitspartei war, einen Staatsstreich an und übernahm die tschechoslowakische Regierung. Schnell richteten sie eine Diktatur ein, die alle Lebensbereiche kontrollierte. Die Grenzen wurden geschlossen und die Auswanderung aus der Tschechoslowakei wurde verboten. Doch der jüdische Parteisekretär Rudolf Slansky setzte sich für die jüdische Bevölkerung ein und argumentierte, dass der beständige Antisemitismus ein Problem für das Land darstellte. Er setzte sich durch und es wurde Menschen jüdischer Herkunft wieder erlaubt, auszuwandern.

Etwa zur selben Zeit bekräftigte ein Ereignis in der Schule meinen Entschluss, die Tschechoslowakei zu verlassen. Ich freundete mich mit einigen nicht-jüdischen Schülern an und sechs von uns – drei Jungs und drei Mädchen – hatten einen kleinen Club gegründet. Wir sprachen über Bücher, die wir lasen, und manchmal gingen wir sonntags auf eine Wanderung oder gingen uns einen Film anschauen. An einem Freitagnachmittag im Frühling 1949 wurde über die Lautsprecher, die in jedem Klassenzimmer hingen, durchgesagt, dass am Sonntag eine Demonstration und ein Marsch zur Unterstützung der Kommunistischen Partei stattfinden würde. Alle Schüler und Schülerinnen sollten dafür auf dem zentralen Platz der Stadt erscheinen, um dort die Reden der Parteiführungskräfte zu hören und anschließend an dem Marsch teilzunehmen. Kleine rote Parteiflaggen würden dafür vor dem Marsch verteilt werden. Unsere kleine Gruppe entschied sich dazu, diese Demonstration zu verpassen und stattdessen auf unsere geplante Wanderung zu gehen. Wir rechneten nicht damit, dass jemand unsere Abwesenheit bemerken würde. Aber jemand beobachtete und denunzierte uns.

Am darauffolgenden Montagmorgen wurde in der Schule durchgesagt, dass einige Schüler nicht zur Demonstration erschienen waren. Dies sei ein schwerwiegender Verstoß gegen die proletarische Solidarität, der Konsequenzen haben würde, gab die Stimme bekannt. Es wurde weiterhin angekündigt, dass der Nachmittagsunterricht abgesagt war und dass die Schülerschaft sich stattdessen in der Aula versammeln würde, um das Problem zu besprechen.

Am Nachmittag nannte die Schulleitung uns sechs Schüler vor der versammelten Schülerschaft und denunzierte uns als asoziale Elemente der Gemeinschaft. Solches Verhalten sei inakzeptable und würde nicht toleriert werden. Mehrere Schüler wurden auf das Podium gerufen und setzten den Schwall der Denunzierungen fort. Die Versammlung endete damit, dass die Schulleitung noch einmal das Wort ergriff und uns dazu aufforderte, einen Entschuldigungsbrief zu verfassen. Daraufhin wurde die Versammlung aufgelöst und der Unterricht fortgesetzt. Nach dem Unterricht bat mein Klassenlehrer mich darum, mit ihm zu sprechen. Er erklärte mir, dass es eine ernste Angelegenheit war und dass mein Verhalten in meine Akte eingetragen worden war. Solange ich mein Verhalten nicht wiedergutmachte, würde ich nie zu einer Universität zugelassen werden.

Schließlich verstanden meine Eltern, dass ich dazu bereit war, auch ohne sie das Land zu verlassen und sie stimmten zu, der Tschechoslowakei den Rücken zu kehren. Sie besorgten Ausreisevisa für uns drei, um die Tschechoslowakei zu verlassen und die nötige Einreiseerlaubnis für Kanada. Sie kauften Zugfahrkarten nach Cuxhaven, von wo aus wir mit der RMS Samaria nach Quebec in Kanada fahren sollten.

Wir konnten nur sehr wenig mitnehmen – keinen Schmuck außer Eheringe und nur jeweils 100 $ pro Person und jeder einen Koffer mit Kleidung und persönlichen Dingen. Wir mussten alle drei eine Liste mit den Dingen erstellen, die wir planten mitzunehmen und diese der Zollpolizei vorlegen. Am Abend unserer Abfahrt Mitte Oktober 1949 kamen die Zollbeamten in unsere Wohnung und überwachten uns dabei, wie wir unsere Koffer packten. Sie versiegelten anschließend jeden Koffer mit offiziellem Tape. Nun waren wir bereit, die Tschechoslowakei und Europa zu verlassen.

Der Abschied war schwer, weil meine Mutter ihren Schwestern sehr verbunden war und weil Erzsi, ihr Mann und ihre zwei Söhne, die nach dem Krieg geboren worden waren, sowie Manci und Karči beschlossen hatten, in Košice zu bleiben. Für sie war die Entwurzelung und der Umzug in ein fremdes Land zu abschreckend. Dennoch sahen die meisten Juden keine Zukunft in der Slowakei und bis Ende 1949 waren etwa 90 % der überlebenden Juden ausgewandert, hauptsächlich nach Israel, Kanada, in die USA und nach Australien. Derzeit leben nur etwa 2.000 Juden in der Slowakei.

Am nächsten Morgen nahmen wir den Zug nach Prag und übernachteten in einem Hotel und am darauffolgenden Morgen stiegen wir in den Zug nach Deutschland. Wir kamen am Abend desselben Tages in Hamburg an und übernachteten erneut in einem nahegelegenen, kürzlich wiederaufgebauten Hotel. Am nächsten Tag nahmen wir einen regionalen Zug nach Cuxhaven, eine Fahrt von nur ungefähr zweieinhalb Stunden.

Während unserer langen Reise durch Deutschland kamen wir an mehreren großen Städten wie Frankfurt und Köln vorbei. Ich hatte in der Slowakei zerbombte Gebäude gesehen, aber nichts war der Aussicht aus dem fahrenden Zug nahegekommen. Die deutschen Städte waren völlig zerstört und lagen in Schutt und Asche. Wir sahen eine Ausnahme. Inmitten der Zerstörung stand der große gotische Kölner Dom als einziges Gebäude in einer völlig zerstörten Stadt. Später las ich, dass der Dom vor der Bombardierung bewahrt worden war, weil er den Piloten der Alliierten als große wiedererkennbare Struktur dabei half, sich auf ihren Bombeneinsätzen zu orientieren. In Anbetracht der Verwüstung, die ich im Jahr 1949 in Deutschland sah, war ich erstaunt über den Zustand des Landes als ich Mitte der 1980er-Jahre dort eine Konferenz besuchte. Die Städte waren makellos wiederaufgebaut worden. Die alten mittelalterlichen Stadtzentren waren oft Stein für Stein zu ihrem früheren Erscheinungsbild wiederherstellt worden.

Der Kölner Dom (Public Domain).

In Cuxhaven reihten meine Mutter, mein Vater und ich uns in der Schlange von Passagieren ein, die an Bord der RMS Samaria gingen. Die Schlange bewegte sich schnell und bald waren wir auf dem oberen Deck des Schiffes, wo uns ein Schiffsbegleiter anwies, zwei Stockwerke tiefer ins Schiff hinunterzugehen. Dort waren zwei lange Schlafsäle - einer für Männer und einer für Frauen – unsere Unterkunft für die Reise. Uns wurde jedem ein schmales Bett mit einem Kissen und einer dünnen Decke zugeteilt. Wir müssen in der Nähe der Dampfmaschine gewesen sein, denn die Säle waren laut und die Betten wackelten. Gaspar war sehr verärgert. Er hatte anscheinend für eine private Kabine auf dem obersten Deck des Schiffes bezahlt, und da wir waren wir nun also im Zwischendeck. Es war klar, dass man uns hinters Licht geführt hatte.

Gaspar wollte mit dem Zahlmeister des Schiffes sprechen, um herauszufinden, ob es möglich wäre, unsere Unterbringung zu ändern. Wir gingen gemeinsam auf das obere Deck, wo der Zahlmeister hinter einem Schreibtisch saß und mit anderen Fahrgästen sprach, die mit einem Problem zu ihm gekommen waren. Am meisten beeindruckten mich die linguistischen Fähigkeiten des Mannes. Er sprach in kürzester Zeit Ungarisch, Polnisch, Italienisch und ein paar andere Sprachen, die ich nicht einmal erkennen konnte. Gaspar sprach mit ihm auf Deutsch und erklärte ihm unsere Lage. Der Zahlmeister schaute sich unsere Fahrkarten an und bestätigte, dass man uns betrogen hatte. Man hatte uns eine Privatkabine in Rechnung gestellt und uns einen Schlafsaal zugewiesen, aber zu diesem Zeitpunkt konnte er nichts tun, weil das Schiff voll war. Wir hatten jedoch Glück, sagte er, denn anderen Leuten waren gefälschte Tickets verkauft worden und man hatte ihnen die Überfahrt gänzlich verweigert.

Mein erster Blick aufs Meer, so dachte ich zumindest, war an diesem Nachmittag vom Deck der RMS Samaria in Cuxhaven. Ich erinnere mich, dass ich dachte, dies sei nur ein weiteres Gewässer wie einer der großen Seen, die ich in der Slowakei gesehen hatte. Ich wusste nicht, dass der Cuxhavener Hafen in Wirklichkeit nur sehr gut geschützt war.

Gegen Abend fuhr das Schiff aus dem Hafen aus und über die Nacht hinweg brachte es uns auf den offenen Atlantik hinaus. Hier begann ich, den Ozean zu spüren. Wir waren auf dem Weg in einen starken Sturm auf dem Atlantik. Jeden Tag wurde der Sturm heftiger und die Wellen höher. Die meisten Passagiere waren seekrank und so auch ich. Nach drei Tagen der Seekrankheit nahm meine Übelkeit ab und ich konnte hinauf auf das obere Deck gehen. Die Wellen waren nun so hoch, dass das Heck des Schiffes immer wieder aus dem Wasser ragte und die Schiffsschrauben sichtbar wurden. Das Schiff aus den 1920er-Jahren ächzte und stöhnte laut und klang bedrohlich. Über den Tag hinweg hielt das Schiff ab und zu an, um das Schlimmste des Sturmes abzuwarten. Schließlich hörte der Sturm auf und nach einer 14-tägigen Reise liefen wir am Morgen reibungslos in den Hafen von Quebec ein. Auf der Einwanderungskarte, die meinem Pass beiliegt, steht, dass wir am 25. Oktober 1949 ankamen.

Wir nahmen noch am selben Tag den Zug nach Toronto. Am späten Nachmittag, als der Zug einfuhr, warteten Ernő, Eva und ihr Bruder Karcsi in der Ankunftshalle auf uns. Karcsi besaß einen hellblauen Buick, an den ich mich noch genau erinnern kann. Er fuhr uns zu der Wohnung, die Ernő für uns gemietet hatte. Wir waren nun in Kanada.

Kurz nachdem wir in Kanada angekommen waren, erreichten uns Nachrichten aus der Tschechoslowakei. Slansky hatte seinen hohen politischen Posten verloren, war verhaftet worden und die Auswanderung von Juden wurde gestoppt. Zusammen mit 10 anderen hochrangigen jüdischen Parteimitgliedern wurde Slansky wegen erfundener, offenkundig antisemitischer Anschuldigungen vor Gericht gestellt. Man befand sie alle für schuldig und sie wurden, Slansky eingeschlossen, 1952 hingerichtet.

12

IN KANADA

Als wir in Kanada ankamen, war Toronto eine weitläufige Stadt mit etwa einer Million Einwohner. Obwohl Toronto viele Merkmale einer Großstadt hatte, wie ein großes Museum, eine bekannte Universität, ausgezeichnete Krankenhäuser und ein gutes Sinfonieorchester, schien die Stadt nicht modern zu sein. Es gab keine besonders großen Gebäude, keine U-Bahn, kein Opernhaus und die Stadt unterlag einer Reihe sehr einschränkender „blauer Gesetze". Besonders auffällig war es, dass das Telefonsystem nicht automatisiert war. Um einen Anruf zu betätigen, musste man den Hörer abnehmen und dem Telefonisten die gewünschte Telefonnummer mitteilen. Gemeinschaftsanschlüsse waren üblich. Mir fiel dieser Aspekt des Telefonsystems auf, weil ich wusste, dass das Telefonsystem in Košice, einer Stadt viel kleiner als Toronto, voll automatisiert war. Am bedeutsamsten war für uns Neuankömmlinge jedoch, dass es in der Stadt sehr wenige Mietshäuser gab, was einen gravierenden Mangel an erschwinglichen Mietwohnungen zur Folge hatte. Die Lösung für dieses Wohnungsproblem war jedoch denkbar einfach und äußerst hilfreich.

Die meisten Häuser im inneren Teil der Stadt waren Einfamilienhäuser, die in den frühen 1920er-Jahren gebaut worden waren. Viele der Eigentümer bauten diese Häuser so um, dass dort zwei Familien leben konnten. Der Umbau war einfach und kostengünstig. In einem der Schlafzimmer im zweiten Stockwerk wurde ein Waschbecken, ein Kühlschrank und ein Gasherd installiert, die der zweiten provisorischen Wohnung als Küche dienten. Die Eigentümerfamilie bewohnte das Erdgeschoss und den dritten Stock, während der zweite Stock vermietet wurde. Das einzige Badezimmer im zweiten Stock teilten sich die beiden Familien. Alle Familien, die ich kenne, die nach Toronto ausgewandert sind, lebten anfangs in solchen Wohnverhältnissen. Die meisten von ihnen und so auch meine Familie lebten in einem solchen geteilten Haus für ungefähr fünf Jahre. In dieser Zeit sparten sie Geld und kauften danach ihr eigenes Haus, das auf ähnliche Weise vermietet wurde. Viele Eigentümer- und Mieterfamilien wurden enge Freunde und hielten lebenslang Kontakt zueinander.

Viele meiner Verwandten und engen Bekanntschaften, Klaras Nichten Oli und Ilona und ihre Ehemänner eingeschlossen, wanderten im letzten Moment aus der Tschechoslowakei nach Toronto aus. Die Überlebenden aus der östlichen Slowakei, die sich in Toronto niederließen, bildeten eine kleine, geschlossene Gemeinschaft. Sie halfen sich gegenseitig und unterstützen einander emotional. Sie sprachen fast ausschließlich Ungarisch miteinander, lernten aber sehr schnell Englisch. Die meisten von ihnen besuchten Abendkurse in Englisch als Zweitsprache, die vom öffentlichen Schulsystem finanziert wurden, und lasen die lokale Zeitung.

Kanada befand sich inmitten eines Nachkriegsboom, in dem Jobs und Geschäftsmöglichkeiten leicht verfügbar waren. Viele unserer Bekanntschaften gründeten kleine Unternehmen in Bereichen die ihnen zwar neu waren, aber die die Stadt Toronto dringend benötigte. Viele von ihnen wurden zu Bauherren von neuen Häusern, die im Nachkriegskanada sehr gefragt waren. Nach mehreren schweren Jahren eröffnete mein Onkel Ernő erfolgreich eine Anwaltskanzlei, die sich für überlebende Juden einsetzte. Sein Fokus lag darauf, Rückerstattungen für die beschlagnahmten Grundstücke und den zugefügten Schaden von den Deutschen zu erhalten.

Gaspar fand zuerst einen Job in einem Werk, das gepolsterte Küchenstühle aus Chrom herstellte. Er lernte, sie herzustellen und die Manufaktur zu organisieren. Vier Monate später eröffnete er sein eigenes kleines Unternehmen, das solche Chromstühle herstellte. Meine Mutter arbeitete als Näherin in einem Sweat Shop, wo sie Tagesdecken herstellte. Binnen drei Jahren lernte sie so gut Englisch, dass sie Verkäuferin in einem bekannten Kaufhaus in Toronto werden konnte. Innerhalb von 15 Jahren hatten sie genug Geld gespart, um in Rente zu gehen. In den 1950er-Jahren kauften meine Eltern zusammen mit Ernő, Klara und Jenci ein Haus mit sechs Wohneinheiten, von denen sie drei bewohnten. Zwei der verbleibenden drei Wohnungen vermieteten sie an Verwandte.

Familie und Freunde in Toronto, frühe 1960er-Jahre.

Sie lebten bis zu ihrem Lebensende zusammen. Ich schoss das Foto in Toronto in den späten 60er-Jahren im Garten des Sechseinheiten Hauses. Die sitzenden Personen sind von rechts nach links, meine Mutter, Klara, Klaras Ehemann Jenci, mein dritter Vater Gaspar und Ernős zweite Frau Eva.

Die Erwachsenen hatten ein fertiges soziales Netzwerk. Jeden Sonntag trafen sie sich und spielten Karten. Sie besuchten sich häufig gegenseitig und sprachen viel am Telefon miteinander. Ab und an fuhren einige der Familien im Sommer zusammen in den Urlaub. Als wir in Kanada ankamen, war meine soziale Situation etwas schwieriger, nicht zuletzt, weil ich kein Englisch sprach. Sehr wenige Jugendliche hatten den Holocaust überlebt und im Freundeskreis meiner Eltern gab es niemanden in meinem Alter.

Es war eindeutig, dass es meine Priorität sein musste, Englisch zu lernen. Um den 1. November herum, kurz vor meinem 14. Geburtstag, begann ich ein von der Regierung finanziertes Ganztages Englischprogramm für Neuankömmlinge. Der Unterricht wurde in einer öffentlichen Schule in der Nachbarschaft von 9 Uhr morgens bis 3 Uhr nachmittags abgehalten. Ich war der Jüngste in meiner Klasse. Meine etwa 30 Klassenkameraden waren zwischen 30 und 60 Jahre alt. Wir waren aus ganz Europa in Kanada angekommen, aus Ungarn, der Ukraine, Deutschland und Schweden. Die Lehrerin war eine junge, humorvoll Frau, die uns hauptsächlich vermeintlich nützliche Sätze beibrachte, wie: „How much does this bottle of milk cost?"[1] Sie hatte einen Satz von Bildern, die die Wortbedeutungen illustrierten. Wir wiederholten die einzelnen Wörter und schließlich den ganzen Satz immer und immer wieder. Ich fertigte eine Liste mit den neuen Wörtern an, die wir benutzten. Es waren etwa 20 neue Wörter am Tag und ich versuchte, sie zu lernen. Zu Beginn war ich sehr entmutigt. Ich hatte irgendwo gelesen, dass es 300.000 Wörter in der englischen Sprache gibt. Mit so vielen Wörtern würde es Jahrzehnte dauern, bis ich Englisch sprechen konnte. Mithilfe eines Wörterbuchs formulierte ich eine Frage, die ich meiner Englischlehrerin stellte: „How many words do I need to know to begin understanding English?"[2] Sie gab mir die ermutigende Antwort, dass bloß 2000 Wörter genug wären. Dies war überschaubar und so arbeitete ich doppelt so viel an meinen Englischkenntnissen. Nach etwa einem Monat des Lernens ging ich in die Bibliothek, lieh mir Kinderbücher aus mit Geschichten, die ich bereits kannte, so wie Rotkäppchen, Schneewittchen und die Sieben Zwerge, Ali Baba und die Vierzig Räuber, und begann sie zu lesen. Dies war beim Lernen sehr hilfreich und es machte mir Spaß, die Geschichten so gut zu kennen, dass ich die Lücken in meinen Sprachkenntnissen füllen konnte.

Ich fand auch einen Weg, das Englisch sprechen zu üben. Dafür war das eher primitive Telefonsystem sehr hilfreich. Wenn ich den Hörer abnahm, antwortete stets eine weibliche Telefonistin, die sagen würde: „Wie kann ich sie verbinden?" Ich fragte dann, ob sie mich zum Beispiel mit Alhambra, dem örtlichen Kino verbinden könnte. Nach ein paar Klickgeräuschen meldete sich die Alhambra-Kassendame am Telefon. Ich würde ihr dann einige Fragen über den Film stellen, den sie zeigten. Mit der Zeit wurde mein Englisch besser und meine Fragen komplexer.

Ich war immer noch einsam und verbrachte viel Zeit damit, die Straßen in der Nachbarschaft um Manning Street herum, wo wir damals lebten, abzulaufen. Beim Gehen schielte ich auf meine Wörterliste und lernte die Wörter des Tages auswendig. An einem Nachmittag gegen Ende Dezember sah ich, während ich in der Nachbarschaft die Beatrice Street hinunterlief, die ich vorher noch nie gelaufen war, ein gemaltes Schild vom Balkon eines Hauses hängen: Hashomer Hatzair (dieselbe sozialistisch-zionistische Jugendgruppe, der ich in Košice angehört hatte).[3] Das Gebäude war dunkel. Ich lief die paar Stufen zur Haustür hinauf, aber die Tür war abgeschlossen.

Am nächsten Tag kehrte ich am Nachmittag dorthin zurück. Das Licht im Gebäude war an und die Tür offen. Ungefähr ein halbes Dutzend Personen in ihren späten Teenagerjahren oder frühen Zwanzigern war mitten in einem lebhaften Treffen in einem der Zimmer im Erdgeschoss. Als ich hineinlief, hörten sie auf zu reden und schauten mich fragend an. In meinem gebrochenen Englisch erklärte ich ihnen, dass ich vor Kurzem aus der Slowakei nach Kanada gekommen war, wo ich Hashomer

Hatzair angehört hatte. Einer aus der Gruppe kam herüber zu mir, stellte sich als Natan vor. Er sagte mir, er sei der Leiter einer Jungengruppe in meinem Alter und es gab in seiner Gruppe sogar noch einen anderen Jungen, der aus der Tschechoslowakei kam. Sie trafen sich an Freitag- und Samstagabenden und ich sollte dann wiederkommen. Am folgenden Freitagabend kehrte ich dorthin zurück und schloss mich der Gruppe von sieben Jungs in meinem Alter an. Die entsprechende Mädchengruppe traf sich in einem Zimmer am Ende des Flurs. An diesem Abend wurde den Jungen die Darwin'sche Evolution beigebracht. Die Jungen unterbrachen die Diskussion häufig mit Fragen, von denen ich viele verstand. Nach einer ungefähr einstündigen Diskussion schlossen wir uns der Mädchengruppe in einem größeren Raum an. Hier sangen wir Volkslieder und hebräische Lieder, die mir vertraut waren. Dann tanzten wir Volkstänze. Der Abend endete damit, dass die Gruppe in ein nahegelegenes Diner ging, um dort Eis zu essen. Diese mir vertraute Organisation in fußläufiger Distanz zu meinem Zuhause zu finden, beeinflusste mein Leben nachhaltig. Ich hatte nun einen sozialen und ideologischen Fokus in meinem Leben.

Mitte Januar waren meine Sprachkenntnisse gut genug, um die 8. Klasse der öffentlichen Schule in der Nachbarschaft zu besuchen. Die 8. Klasse war ein wichtiges Übergangsjahr im Ontario Schulsystem. Es war das letzte Jahr der Middle School, nachdem die Schüler die High-School besuchten. Zu dieser Zeit war das High-School-System in Ontario dreigliederig. Schüler, Jungen sowie Mädchen, die akademisch geneigt waren und wahrscheinlich das College besuchen würden, gingen auf die Höhere Schule. Jungen, die weniger wahrscheinlich das College besuchen würden, gingen auf eine technische Schule. Während Mädchen derselben Kategorie anschließend eine Wirtschaftsschule besuchten. Obwohl es möglich war, als Schüler einer bestimmten Schule auf eine andere zu wechseln, war es mühsam und geschah nur selten. Man ließ mich auf die Höhere Schule zu. Ich weiß nicht, worauf diese Entscheidung beruhte, denn meine Lehrer in der Middle School kannten mich nur für ungefähr drei Monate, als die Entscheidung getroffen wurde und in dieser Zeit hatte ich nicht viele meiner akademischen Fähigkeiten gezeigt. Ich denke, eine Situation könnte ausschlaggebend gewesen sein. Meine Klasse begann eine neue Unterrichtsreihe über die Wertschätzung von Musik und mein Klassenlehrer Herr Parker spielte ein Musikstück auf dem Plattenspieler. Er fragte, ob jemand wüsste, welches Stück es war. Ich war der Einzige, der die Hand hob. Mein Lehrer rief meinen Namen auf und ich antwortet: „Dies ist *Eine Kleine Nachtmusik* von Wolfgang Amadeus Mozart". Die Schüler kicherten, aber wurden still, als Herr Parker meine Antwort bestätigte. Er schien beeindruckt und vielleicht beeinflusste dies seine Entscheidung.

Während der 8. Klasse war ich eindeutig ein Fremdkörper in der Schule. Sozial wurde ich ignoriert und niemand reichte mir die Hand. Eines Tages lief ich die College Street entlang, eine der Hauptstraßen in unserer Nachbarschaft, als ich ein Schild im Fenster eines Lebensmittelgeschäfts sah: „Aushilfe gesucht bei Economy Tea and Coffee, bei Interesse drinnen nachfragen". Mir war bewusst geworden, dass Jungen und Mädchen in kanadischen Schulen die Möglichkeit hatten, in Teilzeitjobs Geld zu verdienen. Damals gab es diese

Möglichkeit in der Slowakei nicht. Ich sprach mit dem Geschäftsführer, der mich zur Hintertür brachte, die in einen großen Raum führte, wo ich den Besitzer von Economy Tea and Coffee, Art Greenberg, traf. Es war ein kleines Unternehmen, das aus dem Hinterzimmer des Lebensmittelgeschäfts geführt wurde. Sie erhielten Kaffeebohnen in 50-Pfund Leinensäcken und Tee in Sperrholzkisten. Meistens röstete Art den Kaffee und verpackte die gerösteten Kaffeebohnen anschließend in 1-Pfund Pakete. Der einzige andere Angestellte zu dieser Zeit, ich meine er hieß Fred, lieferte die 1-Pfund Pakete mit Kaffee und Tee an Restaurants, Diners und Luncheonettes in ganz Toronto aus. Art suchte jemanden für 2 Stunden am Tag, der den Kaffee und Tee wog und verpackte. Auf der Stelle entschied Art, dass ich den Job haben könnte, falls ich ihn wollte. Ich erinnere mich nicht mehr, wie viel er mir zahlen würde, aber ich denke, es waren um die 50 Cent pro Stunde. Ich begann den Job am nächsten Tag von 4 bis 6 am Nachmittag. Am darauffolgenden Tag kam ich zur Arbeit und lernte Fred kennen. Er war ein großer schlaksiger Mann, dem ein Schneidezahn fehlte. Wir redeten ein wenig miteinander und er erzählte mir, wie sehr er Art mochte und was für eine anständige Person er war. Art hatte eine 11-jährige Tochter, die nicht laufen konnte, Fred dachte, sie hätte Kinderlähmung. Art liebte sie mit voller Hingabe.

Ich mochte es bei Economy Tea and Coffee zu arbeiten, besonders gefiel es mir, beim Röstungsprozess der Kaffeebohnen zuzusehen. Das Röstgerät bestand hauptsächlich aus einer großen, sich drehenden Trommel, die mit gleichmäßig verteilten Löchern versehen war. Art zündete den Gasbrenner unter der Trommel an und kippte die Trommel mit hitzebeständigen Handschuhen. Dann schüttete er einen 50-Pfund Sack Kaffeebohnen in die Trommel und schaltete die Rotation an, indem er einen Knopf an der Wand betätigte. Er mochte es mir den Prozess zu erklären. In regelmäßigen Abständen nahm er mit einem Löffel einige Bohnen heraus, atmete ihr Aroma ein und erklärte den Röstungsprozess entweder für fertig oder setzte die Röstung fort. Er erklärte mir, dass der Prozess etwa 20 Minuten dauerte, aber dass es nicht möglich war, eine bestimmte Zeit für die Röstung festzulegen, sogar dann nicht, wenn man die exakte Temperatur im Röster kannte. Die Dauer kam auf die Größe der Bohnen an, wo sie gewachsen waren und wie sie geerntet worden waren. An dieser Stelle sind die Fähigkeiten der Person, die die Röstung überprüft, ausschlaggebend. Wenn man die Kaffeebohnen für angemessen geröstet ansieht, wird die Gasflamme ausgeschaltet, die Trommel herausgezogen und die gerösteten Bohnen werden mit kaltem Wasser aus einem Wasserkanister übergossen. Dabei entsteht eine Dampfwolke mit dem angenehmen Aroma von geröstetem Kaffee.

Ich arbeitete etwa ein Jahr für Economy Tea and Coffee, bis der Geschäftsführer, von dem Art den Hinterraum mietete, ankündigte, er würde den Platz für den Ausbau seines eigenen Geschäfts benötigen und Arts Mietvertrag nicht verlängern. Art erzählte Fred und mir von dieser Entwicklung und fügte hinzu, dass das Geschäft nicht mehr so gut lief. Deshalb würde er es nicht wiedereröffnen und wir würden uns neue Jobs suchen müssen. Es gab jedoch viele Jobs und am nächsten Tag wurde ich angestellt, um in der örtlichen Filiale von Dominion, einer großen Lebensmittelkette, Regale einzuräumen. Der Job war für samstags von 8 bis 18 Uhr mit einer halben Stunde Mittagspause.

High-School

Mein Übergang in die High-School verlief reibungslos. Als das Schuljahr anfing, waren meine Englischkenntnisse vollkommen angemessen. Der Lehrplan in der High-School war größtenteils klassisch. Alle Schüler lernten Latein und Französisch, während Griechisch optional war. Wir studierten die antike griechische und römische Geschichte, das moderne Europa und kanadische Geschichte. Algebra und Geometrie standen auch auf dem Lehrplan sowie natürlich englische Literatur und Aufsatzlehre. Wir lernten jedoch sehr wenig Naturwissenschaftliches, etwas Biologie, wenn ich mich richtig erinnere, aber Physik oder Chemie wurden nicht unterrichtet.

Es handelte sich um eine schwierige Zeit in meinem Leben. Ich war noch immer ein Fremder in diesem Land mit einem Akzent im Englischen. Ich war vielen gängigen Bräuchen gegenüber völlig unwissend. Ich war damals 16 Jahre alt und die Jungs und Mädchen in meiner Klasse begannen bereits miteinander auszugehen, sie gingen tanzen und schauten sich Filme an. Ich war viel zu unsicher, um solche Kontakte zu knüpfen. Ich war ängstlich und wusste nicht, wie ich mich in diese neue Welt einfügen sollte. Zu dieser Zeit entwickelte ich körperliche Stresssymptome. Ich litt fast jede Nacht an Sodbrennen und an beunruhigend starker Schlaflosigkeit. Das Sofa im Wohnzimmer war mein Bett und ich wälzte mich fast die ganze Nacht hin und her. Zwar linderte Natriumhydrogencarbonat mein Sodbrennen, aber die

Schlaflosigkeit war hartnäckig. Schließlich erzählte ich meiner Mutter von meinem Problem. Irgendwie wusste sie immer, wenn ich nicht schlafen konnte. Sie kam dann, setzte sich an mein Bett und hielt meine Hand, bis ich eingeschlafen war. Innerhalb weniger Wochen verschwand meine Schlaflosigkeit.

Meine Unzufriedenheit mit dem Lehrplan wurde immer größer. Ich konnte nicht erkennen, wie irgendetwas, was ich lernte, mir in irgendeiner Hinsicht nutzen würde. Diese Ansicht wurde durch ein Ereignis während einer Unterrichtsstunde zur kanadischen Geschichte in meinem dritten Jahr in der High-School verstärkt. Das historische Ereignis, das unterrichtet wurde, war der Aufstand in Oberkanada (heute Ontario). Wie vom Lehrer dargestellt, kam der Aufstand am 5. Dezember 1837 zu seinem Höhepunkt. Damals marschierten ein paar 100 Männer die Young Street hinauf zum Haus des von den Engländern ernannten Gouverneurs und forderten die Unabhängigkeit Oberkanadas (heute Ontario). Anscheinend war ein Lied geschrieben worden, das dieses Ereignis beschrieb. Um das Ereignis lebendig werden zu lassen, hob der Lehrer den Fuß, stellte ihn auf seinen Stuhl und begann das Lied zu singen. Die Klasse schaute ihn überrascht an. Er sang etwa eine Minute lang und währenddessen nahm er seinen Fuß vom Stuhl, um ihn wieder auf den Boden zu stellen, aber sein Fuß landete stattdessen im Papierkorb, der neben dem Stuhl stand. Während er noch immer das Lied sang, versuchte er seinen Fuß aus dem Papierkorb zu nehmen. Sein Fuß war jedoch fest darin verkeilt und der Papierkorb klirrte auf dem Boden als er seinen Fuß auf und ab bewegte. Die Klasse kicherte und lachte, aber ich, sowie ich es heute verstehe, hatte eine Panikattacke. Diese Art des Lernens würde mir definitiv nicht helfen, in der Welt zu überleben, der ich mich wahrscheinlich stellen musste. Hier war ich also in einem noch immer fremden Land. Der Koreakrieg wütete, in den sowohl Kanada als auch die USA involviert waren. Die nukleare Konfrontation zwischen der Sowjetunion und den USA wurde immer wahrscheinlicher und ich war auf diese drohende Krise vollkommen unvorbereitet. Ich hatte weder relevante Fähigkeiten noch relevantes Wissen. Ich wusste, dass nukleare Waffen existierten und dass sie das Überleben der Menschheit gefährdeten, aber ich wusste nichts darüber, wie sie funktionierten. Ich wusste nichts über die Struktur und Funktionsweise der Welt, in der ich lebte. Ich wusste nicht einmal, wie ein Auto funktionierte. Und hier lernte ich nun über den Aufstand in Oberkanada, ein Ereignis von geringer Tragweite und keinerlei Hilfe, um mit der drohenden Krise umzugehen. Dies war ein epiphanischer Moment für mich. Mit einer plötzlichen Dringlichkeit musste ich um zu überleben, Wissen darüber erlangen, wie die Welt funktionierte.

Zu diesem Zeitpunkt beschloss ich Natur- und Ingenieurwissenschaften zu studieren und mich auf die Beherrschung einiger technischer Fähigkeiten zu konzentrieren. Am selben Nachmittag rief ich Natan an, den Leiter der Jugendgruppe Hashomer Hatzair. Er hatte die Universität abgebrochen und arbeitete nun in einer Werkstatt und bereitete sich darauf vor, sich einem Kibbuz in Israel anzuschließen. Ich fragte ihn, ob er mir beibringen könnte, wie man einige der Geräte in der Werkstatt bediente. Er stimmte sofort zu und bat mich, am nächsten Tag nach seiner Schicht in die Werkstatt zu kommen. Als ich ankam waren wir die einzigen beiden dort. Innerhalb der nächsten paar Tage brachte er mir die

Grundlagen im Umgang mit einer Bohrmaschine, einer Drehbank und einer Fräsmaschine bei. Über die nächsten Wochen hinweg übte ich mich in der Herstellung verschiedener Dekorationen, Broschen, Kerzenständer und Vasen. Ich schenkte sie meiner Mutter und Mädchen, die ich mochte. Es machte Spaß, sie herzustellen und ebenso viel Spaß, sie zu verschenken.

Als Teil meines Entschlusses, mein Wissen und meine Fähigkeiten auszubauen, schaute ich nach, welche außerschulischen Aktivitäten meine High-School anbot. Eine Bandbreite von Clubs wurde angeboten: Schach, Debattieren, Theater, Musik und ein Schützenverein, der unter der Schirmherrschaft der Royal Canadian Cadets stand.

Der Schützenverein konzentrierte sich hauptsächlich auf die Teilnahme an Schießwettbewerben, an denen die örtlichen High-School Vereine beteiligt waren. Ich trat dem Verein bei, weil ich dachte, die Bedienung eines Gewehrs könnte mir dabei helfen, Handlungskompetenz zu erlangen. Der Schützenverein traf sich nur sporadisch, um das Zielschießen vor solchen Wettbewerben zu üben. Das passte mir gut, denn ich war hauptsächlich beschäftigt mit der Schule, mit meinem neuen Job und mit meiner wachsenden Rolle in der zionistischen Jugendbewegung Hashomer Hatzair, die ein verlässlicher Anker und Zufluchtsort in diesem immer noch fremden Land für mich war.

Das Ziel von Hashomer Hatzair (oder der ‚Bewegung') war es, die jüdische Jugend zu motivieren, nach Israel auszuwandern und sich einem Kibbuz anzuschließen, der mit Hashomer Hatzair verbunden war. Mit diesem Ziel vor Augen bot die Bewegung jungen Menschen eine großartige Möglichkeit, sich zu entwickeln und die Teenagerjahre zu überstehen. Die Rekrutierung für die Bewegung begann bei Kindern im Alter von 11 Jahren und älter. Mitglieder der Bewegung wechselten je nach Alter die Gruppe. Im Alter von ungefähr 17 Jahren wurden die Mitglieder zu Leitern von jüngeren Gruppen. Die Aktivitäten der Bewegung konzentrierten sich auf Pfadfinder Aktivitäten, auf kulturelle Aktivitäten und auf eine zunehmende politische Indoktrination. Zu sehr geringen oder gar keinen Kosten bot die Bewegungen den Mitgliedern ein Ferienlager an, das in den meisten Jahren sowohl im Sommer als auch im Winter stattfand. Die Bewegung hatte in mehreren großen amerikanischen und kanadischen Städten Niederlassungen. Während der Sommerferien reisten wir oft in diese Städte und nahmen an gemeinsamen Aktivitäten teil oder trafen einfach Freunde wieder. In den 1950er-Jahren, als ich Hashomer Hatzair angehörte, war das Fahren per Anhalter ein sicheres und kostengünstiges Abenteuer und für junge Leute eine praktische Art zu reisen. Diese sorglose Jugend kam im Alter von 21 Jahren zu einem Ende, als man von uns erwartete, nach Israel auszuwandern und einem Kibbuz beizutreten.

Ich traf jedoch meine zukünftige Frau, Judith Taplitz, die der Bewegung in New York City angehörte. Die meisten jungen Leute in Hashomer Hatzair fanden ebenfalls ihre zukünftigen Partner in der Bewegung. Obwohl ich ein aktives Mitglied blieb, wich das Ziel der Bewegung schließlich von meinem Entschluss ab, mich auf ein wissenschaftliches Studium zu konzentrieren. Im Jahr 1956 verließen Judith und ich die Bewegung, heirateten und zogen nach New York City. Im Jahr 1960 erhielt ich meinen Bachelorabschluss in Elektrotechnik von der

Columbia University und im Herbst desselben Jahres wurde ich für ein Graduiertenprogramm in Elektrotechnik und Physik zugelassen. 1964 schloss ich meinen Doktor in diesem Feld ab. Meine Dissertation war sehr erfolgreich und war der Startschuss meiner Karriere in Lehre und Forschung.

Ich blieb noch ein weiteres Jahr als Forscher an der Columbia University und brachte einige Experimente zu Ende, die ich im Zusammenhang mit meiner Dissertation begonnen hatte. Außerdem wurde ich zum Dozenten für Ingenieurskurse auf graduiertem Niveau ernannt. Nach meiner Zeit an der Columbia University wechselte ich an die Fakultät der Yale University, wo ich neun Jahre lang blieb. Dann bot man mir eine Fakultätsstelle am Boston College an, wo ich für 46 Jahre arbeitete. Nachdem ich 56 Jahre lang in verschiedenen Bereichen, darunter Quantengeräte, medizinische Physik, Atmosphärenchemie und Klimawandel, gelehrt und geforscht habe, bin ich am 30. Juni 2020 in den Ruhestand gegangen.

---

1. Auf Deutsch: „Wie viel kostet eine Flasche Milch?"
2. Auf Deutsch: „Wie viele Wörter muss ich kennen, um Englisch zu verstehen?"
3. Hashomer Hatzair bedeutet Junge Garde.

EPILOG

Wenn ich über die Ereignisse, die ich in diesen Memoiren beschreibe, nachdenke, bin ich immer wieder aufs Neue von der Intelligenz, dem Urteilsvermögen und der Belastbarkeit meiner Mutter erstaunt, die es uns ermöglichte, diese dunklen und gefährlichen Zeiten zu überleben. Diese junge Frau wuchs in einer kleinen, wenn auch modernen jüdischen Gemeinde in der ostslowakischen Kleinstadt Humenne, in einem geschlossenen Freundeskreis und mit sehr wenigen Kontakten außerhalb ihrer kleinen Welt auf. Nachdem sie geheiratet hatte, zog sie in eine noch kleinere Stadt und lebte in den Kreisen der Familie und der Freunde ihres Mannes. Dort führte sie womöglich ein noch behüteteres Leben. Die größte Stadt, die sie vor dem Zweiten Weltkrieg sah, war Košice, an sich keine bedeutende Metropole, aber die Stadt, in der ihr Bruder und ihre Schwester lebten. Sie bleib dort nie länger als ein paar Tage am Stück. Doch als im Frühling 1944 die endgültige und totale Vernichtung der slowakischen Juden eingeleitet und schonungslos durchgesetzt wurde, wusste sie genau, was zu tun war und meisterte jeden Schritt mit Bravour.

Wenn nötig nahm sie die Identität eines jungen Bauernmädchens mit Namen Anna Hritzakova an, die aus einem kleinen slowakischen Dorf kam und deren gefälschte arische Papiere sie benutze. Unser Überleben hing davon ab, dass sie in dieser Rolle überzeugte. Dies war zum Beispiel wichtig, wenn wir am Bahnhof von einem Polizisten angehalten wurden, der unsere Papiere sehen wollte und wenn sie einen Job oder eine Bleibe für uns suchte. Später, als ich sie nach dem Krieg fragte, wie sie das geschafft hatte, erklärte sie mir, dass sie intuitiv gelernt hatte, Annas Verhalten zu kopieren, als sie mehrere Jahre in unserem Haushalt als Hausmädchen angestellt war. Wenn Anna Tee oder Kaffee aus einer Tasse mit Untersetzer trank, nahm sie die Tasse nie von der Untertasse. Sie hielt die Tasse stets in der einen und die Untertasse in der anderen Hand, hob beide zusammen an und trank aus der Tasse, die auf dem Untersetzer blieb. Anna aß nie mit dem Messer in der einen und der Gabel in der anderen Hand. Sie schnitt zuerst ihr Essen, legte dann das Messer hin und aß danach nur mit der Gabel. Anna überkreuzte nie ihre Beine. Wenn sie saß, standen ihre beiden Füße fest auf dem Boden. Sie redete mit einem regionalen Zemplín-Akzent, der sich sehr von dem Akzent, der in der Schule unterrichtet und in städtischen Zentren gesprochen wurde, unterschied. Wann immer es nötig war, schlüpfte meine Mutter reibungslos in Annas Verhaltensweisen.

Die psychische Belastung, unter der meine Mutter stand, während sie gefälschte Papier benutze, muss enorm gewesen sein: Isolation, lebensbedrohliche Situationen und Einsamkeit, besonders nach der Gefangennahme meines Vaters Ignac. Wir hatten keinen blassen Schimmer, was mit dem Rest unserer Familie passiert war. Wir trafen nur auf Fremde. Jeder konnte uns als Juden denunzieren, unsere Deportation veranlassen und uns so in den sicheren Tod schicken. Meine Mutter war jedoch in der Lage, all die Gefahren und Ungewissheiten zu ertragen und trotz allem zu funktionieren.

Dann endete der Krieg plötzlich und meine Mutter konnte wieder ihre eigene Identität annehmen. Aber die Welt, die sie kannte, war nun völlig zerrüttet. Ich denke, dass mein Überleben ihr dabei half, sich an die neue Realität ihres Lebens zu gewöhnen. Sie freute sich immer sehr über meine beruflichen und persönlichen Erfolge. Sie liebte meine Frau Judith und war besonders vernarrt in unsere Kinder Michael und Deborah. Wir besuchten sie mehrere Male in Toronto und sie besuchte uns mehrmals im Jahr in Newton, einem Vorort von Boston. Zu ihren Enkelkindern entwickelte sie eine enge und liebevolle Beziehung.

Im Jahr 1971 wurde sie mit Lungenkrebs diagnostiziert, der sich als inoperable erwies. Wir werden nie erfahren, woher die Krankheit kam. Sie war Nicht-Raucherin, aber sie hatte drei Jahre in einem Sweat Shop in Toronto gearbeitet, wo sie Chanel Bettdecken nähte und ständig die Flusen aus der Luft einatmete.

Im Frühling 1975 war meine Mutter in einem Krankenhaus in Toronto dem Tod nahe. Michael war damals 13 Jahre alt und lernte für seine Bar Mitzwa. Deborah, die fünf Jahre jünger ist, war acht. Wir reisten nach Toronto und am Bett meiner Mutter sang Michael den ihm aufgegebenen Teil aus der Tora. Dies war ein besonderes und bewegendes Ereignis für uns alle. Sie starb ein paar Tage später. Unsere Kinder Michael und Deborah, die jetzt im mittleren Alter sind und ihre eigenen Kinder großziehen, sprechen immer noch oft von meiner Mutter und gedenken ihrer mit Liebe und schönen Erinnerungen.

Meine Mutter mit Michael und Deborah.

DANKSAGUNG

Ich möchte meiner Frau Judith Taplitz, meinem Sohn Michael und meiner Tochter Deborah Davidovits für ihre hilfreichen Diskussionen, Anmerkungen und ihre Unterstützung in der Vorbereitung des Manuskripts danken.

Ich danke Dalibor Danko für sein Interesse an der Geschichte Moldawiens und dafür, dass ich das Bild aus seiner Postkartensammlung verwenden durfte.

Ich bin dankbar und ergriffen von der Arbeit des Filmemachers Dušan Hudec, der das Schicksal der Juden in der Slowakei dokumentiert und der den Tod meines Vaters aufgeklärte.

Mit großer Bewunderung und Wertschätzung danke ich Liesbeth Heenk, der Gründerin und Verlegerin von Amsterdam Publishers, die die Veröffentlichung dieser Memoiren ermöglicht hat.

ÜBER DEN AUTOR

Paul Davidovits wurde 1935 in Moldava, einer kleinen Stadt in der Tschechoslowakei (heute in der Slowakei) geboren. Sein Vater starb als Paul noch nicht ganz drei Jahre alt war. Er zog daraufhin mit seiner Mutter zurück in ihre Heimatstadt Humenne. Zwei Jahre später heiratete sie erneut. Sie überlebten den Holocaust, indem sie gefälschte Dokumente verwendeten und schnell von einer Stadt in die nächste zogen, sobald jemand Verdacht bezüglich ihrer wirklichen Identität schöpfte.

Als der Zweite Weltkrieg endete, war Pauls ganze Familie väterlicherseits und der größte Teil der Familie seiner Mutter ermordet worden. Unter den Ermordeten war auch der zweite Ehemann seiner Mutter. Pauls Mutter heiratete ein drittes Mal und im Jahr 1949 wanderte die verbleibende Familie seiner Mutter nach Toronto aus. Dort erlangte Paul einen High-School-Abschluss und absolvierte eine dreijährige Ausbildung in Elektrotechnik.

Nachdem er ein Jahr in der Industrie als Elektrotechniker gearbeitet hatte, heiratete er und zog mit seiner Frau nach

New York City. Dort setzte Paul seine Ausbildung an der Columbia University fort und erhielt dort seinen Bachelorabschluss (1960), seinen Masterabschluss (1961) sowie seinen Ph.D Abschluss (1964) in einem kombinierten Studienprogramm in Physik und Elektrotechnik. In der Zeit von 1964-1965 arbeitete er als Research Associate in Physik und als Elektrotechnikdozent an der Columbia University. Im Jahr 1965 nahm er eine Stelle an der Yale University als Assistenzprofessor in Applied Science an (1965-1970) und später wurde er zum außerordentlichen Professor ernannt (1970-1974).

1974 nahm er die Ernennung zum Professor für Chemie am Boston College an, eine Position, die er für 46 Jahre innehielt und im Zuge dessen er im Bereich der physikalischen Chemie lehrte und forschte. Von 1994 bis 1998 war er Vorsitzender im Fachbereich Chemie am Boston College. Während seiner Zeit am Boston College war er außerdem 40 Jahre lang Berater bei Aerodyne Research Inc. in Billerica Massachusetts. Hier untersuchte er zusammen mit den Aerodyne Wissenschaftlern die grundlegenden physikalisch-chemischen Eigenschaften von Flüssiggas Wechselwirkungen, die für die Atmosphärenchemie und den Klimawandel relevant sind.

Nachdem er 56 Jahre lang in verschiedenen Bereichen, darunter auch Quantengeräte, chemische Kinetik, medizinische Physik, Atmosphärenchemie und Klimawandel geforscht und gelehrt hat, ging Davidovits am 30. Juni 2020 als emeritierter Professor für Chemie in den Ruhestand. Seine wissenschaftliche Arbeit umfasst 170 Veröffentlichungen, die er verfasste und mitverfasste. Er schrieb zwei Lehrbücher (von denen eines sich derzeit in der 5. Auflage befindet) und ist Mitherausgeber eines

Textes über Alkali-Halogenid-Dämpfe. Er hält außerdem drei Patente. Für seine Arbeit wurde er mehrfach ausgezeichnet, u. a. zusammen mit R. Minsky und D. Egger mit dem R.W. Wood Prize 2000 „für bahnbrechende Beiträge zur konfokalen Mikroskopie".

Er ist seit 1957 verheiratet und hat zwei erwachsene Kinder. Er ist ein begeisterter Wanderer, Schwimmer und Radfahrer.

Lieber Leser,

falls dir mein Buch gefallen hat, dann hinterlasse doch eine Rezension auf Amazon oder Goodreads.

Ein paar Worte würden genügen.
Ich würde dies sehr zu schätzen wissen.

Alternativ, falls du mein Buch als Kindle E-Book gelesen hast, könntest du es auch dort bewerten.
Das ist nur ein simpler Klick, mit dem du angibst, wie viele Sterne von fünf du meinem Buch geben würdest.
Das kostet dich nur einen Bruchteil einer Sekunde.

Vielen herzlichen Dank im Voraus!

Paul

AMSTERDAM PUBLISHERS
HOLOCAUST BIBLIOTHEK

Die Reihe **Holocaust Überlebende erzählen** besteht aus den folgenden Geschichten von Überlebenden:

Holocaust Erinnerungen von Hank Brodt: Eine Kerze und ein Versprechen, von Deborah Donnelly

Wie wird der vierzehnjährige Junge die Grausamkeiten auf sich alleingestellt überleben und seine Menschlichkeit behalten können?

Diese schockierenden Erinnerungen des Holocaust-Überlebenden Hank Brodt (1925-2020) zeigen persönliche Einblicke in die innere Welt eines Jungen unter der Herrschaft des Nazi-Regimes. Sie offenbaren fürchterliche Wahrheiten auf ehrliche und sachliche Art und Weise.

Hank Brodt durchlebte eine der dunkelsten Abschnitte in der Menschheitsgeschichte: Er überlebte den Zweiten Weltkrieg. In eine arme Familie in Boryslaw (Polen) hineingeboren, wurde er in ein Waisenhaus gegeben. Hanks Kindheit zerbricht, als die Nazis Polen gewaltsam an sich reißen. In den darauffolgenden Jahren kämpft er täglich um sein Überleben und mit dem Verlust seiner gesamten Familie. Seine Welt bestand aus stillem Widerstand, unsichtbaren Tränen und stillen Schreien, während er Arbeitslager und Konzentrationslager durchquerte, darunter eines, welches aus Schindlers Liste bekannt ist.

Es ist schwer vorstellbar, dass jemand, der solch schreckliche Ereignisse mitmachen musste, weiterleben und ein Leben in Dankbarkeit leben konnte- und das bis heute. Mithilfe seines standhaften Mitgefühls für andere, gelang es Brodt, seine Menschlichkeit zu behalten und weitermachen zu können.

Hank Brodts Holocaust-Memoire ist eine notwendige Erinnerung an eine der schlimmsten Zeiten in der Menschheitsgeschichte.

Rette meine Kinder: Vom Überleben und einem unwahrscheinlichen Helden, von Leon Kleiner und Edwin Stepp

Ein jüdischer Junge und seine Geschwister fliehen einer von Hass zerstörten Welt. Ein berüchtigter, brutaler Antisemit, der Juden jagt. Wieso riskiert dieser Mörder sein Leben, um das der Kinder zu retten?

Ein Elfjähriger und seine Geschwister kämpfen nach dem Einmarsch der Nazis in Polen um ihr Überleben. Wieder und wieder gelingt es ihnen, dem sicheren Tode zu entkommen, als die mörderischen Faschisten versuchen, ihre Heimatstadt Tluste für judenrein zu erklären. Doch es scheint, das Glück habe sie verlassen, als die Deutschen den Befehl geben, ihr Arbeitslager zu liquidieren.

Unerwartete Hilfe kommt von Timush, einem Mann, der für seine abscheulichen Taten gegen Juden bekannt ist. Nachdem er den Ruf ihrer Mutter: „Rette meine Kinder!" vernimmt, als sie zu ihrer Hinrichtung marschiert wird, setzt Timush alles daran, das Leben der Kinder zu retten und wenn es das eigene Leben ist.

Rette Meine Kinder ist eine wahre Geschichte über die Verwandlung eines Mannes, der einst von Hass und Gewalt getrieben war. Dieser Mann erbringt das höchste Opfer, um jene zu retten, die er einst töten wollte.

Gewinner der International Impact Book Awards 2011 in der Kategorie Life Experiences.

Aufschrei gegen das Vergessen: Erinnerungen an den Holocaust, von Manny Steinberg

Manny Steinberg (1925-2015) verbrachte seine Jugendzeit in den Konzentrationslagern Auschwitz, Vaihingen an der Enz und Dachau. Steinberg war insgesamt sechs Jahre in diesen Konzentrationslagern interniert und nahm sich nach seiner Befreiung vor, seine Autobiographie *Aufschrei gegen das Vergessen. Erinnerungen an den Holocaust* zu schreiben. Damit erfüllte er sich ein selbst auferlegtes Versprechen. Es dauerte zehn Jahre, bis er seine Lebensgeschichte zu Papier gebracht hatte und jetzt wird "Aufschrei gegen das Vergessen" von so vielen Lesern auf der ganzen Welt gelesen. Es erfüllt den Autor mit Dankbarkeit, dass seine Stimme gehört wird. Steinberg wollte Deutschland nie wieder besuchen, änderte aber jüngst seine Meinung im April 2015.

Der 90-jährige wurde mit weiteren sieben Überlebenden eingeladen, um an der Gedenkfeier zur 70-jährigen Befreiung des Konzentrationslagers Vaihingen an der Enz beizuwohnen, dem letzten Konzentrationslager, in dem Steinberg inhaftiert war. Begleitet wurde er auf dem für ihn sehr bewegenden Besuch von seiner Familie und von Freunden. Er besuchte mit ihnen auch das Konzentrationslager Dachau.

Steinbergs Lebensgeschichte umfasst das Wunder, wie ein Mann dazu bestimmt war zu überleben. Das Buch ist einerseits zwangsläufig ein Bericht menschlicher Grausamkeit, andererseits ein Zeugnis der Kraft von Liebe und Hoffnung. Durch die Veröffentlichung seiner Holocausterinnerungen wollte der Autor sicherstellen, dass auf der Welt niemals vergessen wird, was sich während des Zweiten Weltkriegs ereignete. Steinberg's eindrücklich geschilderte Erinnerungen gewähren historische Einblicke und beeindrucken als Plädoyer für Gerechtigkeit und Menschlichkeit in jeder Generation!

„Es vergeht kein Tag, an dem ich nicht an meine Kindheit oder an meine Familie denke, aber so lange es mir erlaubt ist, auf dieser Erde zu sein, wache ich jeden Morgen mit dem Gefühl von Glück und Segen auf."

"Als die deutschen Soldaten die Menschen töteten, die ich liebte, erkannte ich, dass mein Lebenszweck nicht bloß darin bestand auf der Welt zu sein, sondern zu leben."

Tote Jahre: Eine jüdische Leidensgeschichte, von Joseph Schupack

Vierzig Jahre danach erinnert sich ein in Polen aufgewachsener Jude an die Jahre der Verfolgung. Er beschreibt das Leben in Radzyn, einer typisch jüdischen Shtetl-Gemeinschaft im damaligen polnischen Generalgouvernement, dem Vorhof von Treblinka, Majdanek und Auschwitz, und dann den Untergang dieser Welt, wie er ihn, gerade 17 geworden, erlebt hat: mit zunehmenden Schikanen, ständiger Bedrohung, Grausamkeiten und nackter Gewalt; mit der Verschleppung und Ermordung der Geschwister, Eltern, Freunde; mit der Ausrottung einer ganzen Volksgemeinschaft.

Er beschreibt den eigenen Leidensweg und den verzweifelten Kampf ums Überleben, seine Erlebnisse in den Ghettos, in Majdanek, Auschwitz und anderen Konzentrationslagern wie Dora-Nordhausen und Bergen-Belsen. Er beschreibt seine Begegnungen mit Leidensgenossen, Kindern und Erwachsenene, Gläubigen und Ungläubigen, Mutigen und Müdegewordenen,

Hungrigen, Kranken, Erniedrigten. Es sind die Stimmen der Opfer, die er zu Gehör bringt. Das macht diesen nüchternen, um Wahrheit bemühten Bericht zur eindringlichen Anklage gegen den Wahnsinn des Antisemitismus.

"Ein unbeschreibliches Zeugnis der Grausamkeit, welches tiefe und ungeschönte Einblicke in die Abgründe des unmenschlichen Leidens und Sterbens in der Hölle zulässt."

Holocaust Memoiren einer Bergen-Belsen Überlebenden. Klassenkameradin von Anne Frank, von Nanette Blitz Konig

Ein Denkmal zu Ehren des unverwüstlichen menschlichen Geistes

In diesen eindrücklichen Holocaust Memoiren schildert Nanette Blitz Konig ihre erstaunliche Überlebensgeschichte vom Zweiten Weltkrieg, während dem ihre Familie und Millionen andere Juden von den Nazis inhaftiert wurden und in hoffnungsloser Gefangenschaft lebten. Nanette ging auf das Joods

Lyceum (jüdische Schule) in Amsterdam und war eine Klassenkameradin von Anne Frank. Sie sahen sich in Bergen-Belsen wieder, kurz bevor Anne starb. Während dieser emotionalen Treffen erzählte Anne, wie sich ihre Familie in einem Hinterhaus versteckte, von der Deportation, von ihrer Zeit in Auschwitz und von dem Plan ihr Tagebuch nach dem Krieg zu veröffentlichen. Diese ehrliche Geschichte vom Zweiten Weltkrieg beschreibt den durchgehenden Kampf ums Überleben, unter den brutalen, von den Nazis auferlegten, Bedingungen im Konzentrationslager. Darauf folgt Nanettes langer Weg zur Genesung nach dem Krieg und ihr harter Kampf gegen die Auswirkungen von Hunger und Krankheit. Sie erzählt davon, wie sie sich Stück für Stück ein neues Leben aufbaute, heiratete und eine Familie gründete.

Preisgekrönte Autorin und Holocaust-Überlebende Nanette Blitz Konig (geboren im Jahr 1929) ist dreifache Mutter, sechsfache Großmutter und vierfache Urgroßmutter. Sie lebt in der brasilianischen Stadt São Paulo.

Ihre Holocaust Memoiren sprechen im Namen jener Millionen von Menschen, die ihrer Stimme für immer beraubt wurden.

Holocaust Erinnerungen. Vernichtung und Überleben in der Slowakei, von Paul Davidovits

Diese Holocaust Memoiren begannen mit einem Fotoalbum, einem der wenigen Familienbesitztümer, die den Zweiten Weltkrieg überlebten. Nach dem Tod seiner Mutter ging das Album in den Besitz von Paul Davidovits über, dem bewusst wurde, dass er die einzig noch lebende Person war, die sich noch an die Menschen auf den Fotos, an ihre Beziehungen zueinander und an ihre Lebenswege erinnern konnte.

Davidovits erzählt nun die Geschichten der Bewohner seiner verlorenen Welt und führt uns durch seine Kindheit. Er schildert nicht nur eindrucksvoll den erschütternden und traumatischen historischen Verlauf, sondern schwelgt auch in den ergreifenden Momenten, die geprägt sind von Liebe, Mut, Großzügigkeit und Humor.

Davidovits' Geschichten sind einzigartig und fein geschliffen. Obwohl seine Memoiren persönlich sind, schwingt in seinen lebhaften Beschreibungen des Überlebens und des menschlichen Geistes, im Angesicht von Unmenschlichkeit und scheinbar unüberwindbaren Hindernissen, etwas Universelles mit, das für jede kommende Generation relevant bleiben wird.

www.ingramcontent.com/pod-product-compliance
Lightning Source LLC
LaVergne TN
LVHW041919070526
838199LV00051BA/2667